KEN MÜLLER

KEN KOCHT DICH SCHLANK

KEN MÜLLER

KEN KOCHT DICH SCHLANK

FOTOGRAFIE:
JAN C. BRETTSCHNEIDER

DO SCHAUGST ...

KEN KOCHT – GSUND UND GSCHMACKIG

Es ist so sicher wie das Amen in der Kirche. Wer keinen Hunger hat, muss nichts essen. Und wer nichts isst, nimmt keine unnötigen Kalorien zu sich. Merkt euch diesen Spruch.

Ich bin der Ken und ich freue mich sakrisch, was so viel bedeutet wie »sehr, sehr, sehr«, dass ihr zusammen mit mir mal auf ganz unkonventionelle Art und Weise zum Wunschgewicht kommen wollt. Mit richtig gesundem Essen, das ausnahmsweise oberlecker schmeckt, ohne Hunger, fast ohne Verzicht.

Warum seid ihr hier? Ich gehe mal davon aus, dass die eine Hälfte, die sich für dieses Buch entschieden hat, unzufrieden mit den bisherigen Abnehmversuchen ist, oder die klassischen Gesellschaftskrankheiten jetzt doch mal zugeschlagen haben: Adipositas, zu hohe LDL-Cholesterinwerte, Diabetes mellitus Typ 2, Bluthochdruck, Unwohlsein.

Die andere Hälfte wird ihr Ziel schon erreicht haben und freut sich einfach auf jede Menge richtig leckere Rezepte mit jeder Menge Geschmacks-Rodeo.

Warum bin ich hier? Als medizinischer A-Lizenz-Functional-Trainer, Personal Trainer und Ernährungsberater informiere ich auf meinem YouTube-Kanal www.kenkocht.de jede Woche Menschen rund um die Themen gesunde, vollwertige, ausgewogene Ernährung, Abnehmen und vor allem darüber, wie man unseren Gesellschaftskrankheiten mit jeder Menge Geschmack den Kampf ansagen kann.

Also, sobald ihr euch entscheidet umzublättern, streicht folgende Wörter aus eurem Denkmuster: Diät, Kalorien, Kalorienzählen, wenig Kalorien, keine Kalorien, hungern, FdH, Paleo, Keto!

Auf den folgenden Seiten werdet ihr jede Menge Rezepte kennenlernen, die euch nicht nur lange satt machen und Heißhungerattacken vermeiden, sondern euch auch mit allen wichtigen Mikro- und Makronährstoffen versorgen. Ihr erfahrt, warum gesundes Essen durchaus auch mal eine Kalorienbombe sein darf. Ihr lernt, auf euren Körper zu hören, denn wenn man keinen Hunger hat, muss man nichts essen! Und das Allerwichtigste: Ihr erfahrt, wie ihr eure Geschmacksknospen mit jeder Menge Umami befeuern könnt.

Also, dann legen wir los. Ich freu mich! Viel Spaß beim Kochen und Essen und bei Bedarf auch beim Abnehmen.

DAS MÜSST IHR WISSEN

»ES IST NICHT WICHTIG, WANN IHR ESST. ES IST WICHTIG, DASS IHR LANGE SATT BLEIBT.«

HIER ESST IHR RICHTIG

»Ich bin kein Veganer, aber sich vorwiegend pflanzenbasiert zu ernähren, löst viele Probleme.«

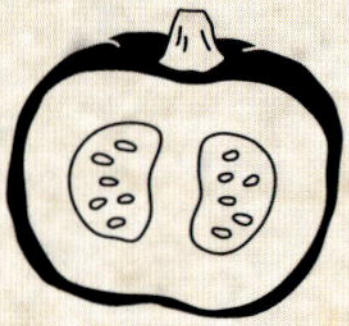

Es gibt gefühlt 1,837 Millionen Ratgeber, wie man schnell und effektiv abnimmt. Ich möchte meinen jetzt mit in den Ring werfen. Und wir streichen das Wort »schnell« und ersetzen es durch die Formel »langfristig und gesund«. Nur weil etwas funktioniert, heißt es ja nicht automatisch, dass es das Beste für unseren Körper ist. Na klar funktionieren viele Ansätze sehr gut, aber eben auch oft sehr kurzfristig. Ich kann mich ja auch nur drei Tage vor der Mathe-Prüfung vorbereiten oder eben das ganze Jahr. Das Ergebnis wird mehr oder weniger das gleiche sein: bestanden. Aber was nachhaltiger ist, darüber müssen wir nicht diskutieren, oder? Und genauso ist es beim Thema Abnehmen. Ich kann entweder radikal meine Pfunde runterhämmern oder ich kann meine Einstellung zum Thema Ernährung dauerhaft ändern. Das Schöne beim zweiten Ansatz ist: Er hilft mir nicht nur, mein Wunschgewicht zu halten, sondern er wird auch langfristig gegen Gesellschaftskrankheiten helfen.

WIR WOLLEN NICHT HUNGERN

Viele versuchen, auf Kalorien zu verzichten. Das ist nicht so unklug, denn ein Kaloriendefizit sorgt dauerhaft für weniger Gewicht. Aber das Defizit holen wir uns nicht dadurch, dass wir bei jeder Mahlzeit krampfhaft die Kalorien zählen. So entsteht nur ein permanentes Hungergefühl (absolutes No-Go)

NÜTZLICHES WISSEN

KALORIEN SPAREN BRINGT NIX

Weil ihr nach zwei Stunden wieder Hunger habt. Entweder ihr esst dann was, was kontraproduktiv ist, oder ihr hungert, was auch kontraproduktiv ist. Hungern wollen wir vermeiden, weil wir uns nicht konzentrieren können, die Leistung abfällt und schlussendlich die Energie fehlt, um körperlich aktiv zu sein. Und andauerndes Essen wollen wir vermeiden, weil wir dann nicht abnehmen oder unser Gewicht halten können. Darum versorgt ihr euch am besten mit Kalorien aus vollwertigen Lebensmitteln, die sehr lange satt machen.

und der Drang, zwischendurch zu snacken, steigt. Und genau das wollen wir unbedingt vermeiden, da wir so am Ende des Tages vielleicht mehr zu uns nehmen, als wir für unseren Grundumsatz eigentlich brauchen. Der Grundumsatz ist die Energiemenge am Tag, die der Körper in vollkommener Ruhe braucht, damit alle Organe funktionieren, wir atmen und denken können, das Herz schlägt. Der Wert dafür ist abhängig vom Körpergewicht, von der Muskelmasse sowie vom Geschlecht und liegt irgendwo zwischen 1 500 und 2 000 Kilokalorien. Darum lautet mein Ansatz: Die größten Erfolge, wenn es ums Thema Abnehmen respektive Gewichthalten geht, feiert man, wenn man keinen Hunger hat.

WIE NIMMT MAN DANN AB?

Regel Nummer eins: Wir müssen es schaffen, unseren Grundumsatz, also die Energie, die wir brauchen, um zu funktionieren, so zu decken, dass wir dabei nicht hungern. Und deswegen müssen wir unsere Gerichte klug zusammenstellen – vollwertig, ausgewogen, mit komplexen Kohlenhydraten, vielen Ballaststoffen und Eiweiß. Wir versuchen, ein gutes Verhältnis von allen Makronährstoffen und Ballaststoffen in ein Gericht zu packen. Makronährstoffe sind die Hauptnährstoffe Eiweiß, Fett und Kohlenhydrate. Denn dann ist unser Körper so lange mit der Verdauung beschäftigt und so gut mit Nährstoffen versorgt, dass es in der Regel länger dauert, als ihr es gewohnt seid, bis der nächste Hunger kommt. Und das Wichtigste … ganz ohne Heißhungerattacken.

BEDARFSDECKEND ESSEN

Der Ansatz dieses Buchs ist es, dass wir uns so ausgewogen und vollwertig wie möglich ernähren. Keine Kalorien zählen, sondern auf unseren Körper hören und darauf achten, dass uns Mahlzeiten fünf bis sechs Stunden satt machen. Das Schöne ist, wenn man weiß, wie das geht, ist es unglaublich einfach. Man muss nur auf ein paar Kleinigkeiten achten.

MAKRONÄHRSTOFFE

Kein Thema eignet sich so gut für stundenlange Streitgespräche wie das Thema Makronährstoffe. Nichts ist so sicher wie die Tatsache, dass in der Ernährungswissenschaft nichts sicher ist. Und doch hat sich in den letzten 40 Jahren einiges getan – vor allem in der Ernährungswissenschaft. Die Empfehlungen für die Nährstoffzufuhr im 21. Jahrhundert unterscheiden sich grundlegend von den Theorien der 1980er-Jahre. Und spätestens wenn Ikonen wie Arnold Schwarzenegger Sätze sagen wie »Eating meat is not manly, it's marketing …«, sollte man mal die eigene Makronährstoffzufuhr analysieren und hinterfragen.

Kohlenhydrate: Sie sind unser Hauptenergielieferant und deswegen auch Hauptbestandteil einer vollwertigen und ausgewogenen Ernährung. Vorausgesetzt es sind komplexe Kohlenhydrate. Dazu gehören Vollkornprodukte, Vollkorngetreide, Hülsenfrüchte und Obst. Sie müssen erst enzymatisch in unserem Körper aufgespalten werden und das dauert eben eine ganze Weile. Das geht nicht so schnell wie bei den »schlechten« Kohlenhydraten in Form von Zucker oder Stärke aus Weißmehlprodukten und Backwaren, Haushaltszucker, Alkohol, Süßigkeiten, Softdrinks, Fruchtsäften und Fast Food. Und was bringt uns das? Der Blutzucker bleibt konstant und es geht nicht dauernd auf und ab. Heißhungerattacken bleiben aus, wir sind länger satt, müssen seltener essen und gleichzeitig versorgen diese Kohlenhydrate uns mit Energie.

Seit Jahren ist die Keto-Bewegung voll im Trend, bei der weitestgehend auf Kohlenhydrate verzichtet wird. Ich bin da eher der Slow-Carb-Anhänger und sage: Wir sollten nicht auf Lebensmittel, die aus komplexen Kohlenhydraten bestehen, verzichten, weil sie uns zeitgleich mit vielen wichtigen Mineral- und Ballaststoffen versorgen. Die Ernährungsdachgesellschaften aus Deutschland, Österreich und der Schweiz (D-A-CH) empfehlen, dass mindestens 40 Prozent unserer Kalorien, die den Grundumsatz decken, aus komplexen Kohlenhydraten kommen sollten. Idealerweise decken wir unseren Energiebedarf zu 50 Prozent mit komplexen Kohlenhydraten. Das heißt: Wenn wir am Tag 2 000 Kalorien benötigen, dann sollten 1 000 Kalorien aus komplexen Kohlenhydraten stammen. Sprich aus Vollkorngetreide und Hülsenfrüchten, kombiniert mit einem kleinen Anteil Obst.

Die WHO empfiehlt aktuell maximal 50 Gramm Zucker (200 kcal) am Tag (die sind dann auch in den 40 bis 50 Prozent Kohlenhydraten pro Tag eingerechnet), um das Risiko von Herz-Kreislauf-Erkrankungen und Diabetes mellitus Typ 2 zu minimieren. Wenn ihr mich fragt, dann würde ich die Menge an Zucker auf weniger als 25 Gramm pro Tag minimieren. Und das beinhaltet alle Sorten von Süßungsmitteln. Von A wie Agavendicksaft bis Z wie (Haushalts)zucker.

Denn es kommt nicht von ungefähr, dass fast 70 Prozent der Männer und über 50 Prozent der Frauen in Deutschland übergewichtig sind. Gut ein Viertel ist adipös. Das liegt zwar nicht nur am Zucker, aber er spielt dabei schon eine wesentliche Rolle.

Fette: Den Spruch »Fett macht fett« habt ihr bestimmt schon gehört. Kennt ihr noch die MythBusters? Hiermit bustere ich diesen Mythos. Vergesst diesen Spruch. Fett macht nicht fett. Zu viele Kalorien machen fett. Und weil Fett viel davon hat, kann Fett schnell fett machen, wenn man zu viel Fett isst. Aber richtig eingesetzt hilft uns Fett sogar dabei abzunehmen, denn Fett ist ein extrem fetter Sattmacher (das letzte fett steht für lange). Und damit ihr mitbustern könnt, hier noch fettes Fett-Wissen:

Gesättigte Fettsäuren stecken vor allem in tierischen und gehärteten Fetten und wir sollten, so gut es uns gelingt, darauf verzichten. Sie sind einer der Hauptgründe für Herz-Kreislauf-Erkrankungen und Übergewicht. Oder auf gut Deutsch: Diese gesättigten Fette brauchen wir nicht. Ganz im Gegensatz zu den ungesättigten. Einfach und mehrfach ungesättigte Fettsäuren kommen zum Beispiel in Olivenöl, Rapsöl oder Erdnussöl vor und werden auch von unserem Körper selbst synthetisiert. Aber – und das ist der große Unterschied – diese Fette können sich bei zusätzlicher Zufuhr positiv auf die Blutfettwerte auswirken, indem sie zum Beispiel das LDL-Cholesterin senken und den HDL-Wert konstant halten. Etwa ein Prozent der Energiezufuhr sollte aus Omega-3-Fettsäuren bestehen. Bei 2000 Kalorien wären das zwei Gramm Omega-3. Sehr gute Lieferanten sind dafür Walnüsse, Chia-Samen, Hanfsamen, Leinsamen und Algenöl. Was heißt das in der Praxis? 30 Prozent unseres Energiebedarfs sollten wir durch Fette decken. Dabei deutlich weniger als 10 Prozent durch gesättigte Fette und mehr als 20 Prozent durch einfach und mehrfach ungesättigte Fette. Ein Gramm Fett liefert neun Kalorien. Das bedeutet, dass ein Erwachsener ungefähr 60 Gramm Fette bei einem Energiebedarf von 2000 Kalorien am Tag benötigt.

Proteine: Ein ganz heikles Thema, vor allem, wenn man versucht, Fleischliebhaber davon zu überzeugen, dass es problemlos möglich ist, seinen Proteinbedarf zu decken und gleichzeitig den Konsum tierischer Produkte drastisch zu reduzieren. Im Endeffekt ist es ganz einfach. Es kommt auf die biologische Wertigkeit der einzelnen Lebensmittel an (also wie viel Protein unser Körper verwerten kann) und darauf, wie man die Lebensmittel geschickt kombiniert. Die biologische Wertigkeit von Fleisch liegt bei 92 Prozent. Die von Pflanzen deutlich drunter. Dann ist ja Fleisch doch die bessere Eiweißquelle!?

Nein. Um eine gute biologische Wertigkeit der pflanzlichen Proteine zu erreichen, muss man einfach darauf achten, dass man immer Hülsenfrüchte und Vollkorngetreide in seine Ernährung einbaut, um alle essenziellen Aminosäuren abzudecken. Aber keine Angst. Wenn ihr nach den Rezepten in diesem Buch kocht, macht ihr das automatisch. Ihr werdet regelrecht überschüttet mit essenziellen Aminosäuren. Und das ist extrem lecker! Der eigentlich entscheidende Vorteil, auf tierisches Protein zu verzichten und den Bedarf durch pflanzliches Protein zu decken, liegt einfach darin, dass pflanzliche Proteine unseren Körper nicht mit Cholesterin, Transfetten und gesättigten Fettsäuren »zuspammen«. Die Ernährungsdachgesellschaften aus Deutschland, Österreich und der Schweiz (D-A-CH) empfehlen, dass mindestens 10, besser 20 Prozent der täglich benötigten Energie durch Proteine gedeckt werden. Das heißt zwischen 0,8 Gramm und 1,2 Gramm Protein pro Kilogramm Körpergewicht am Tag als Richtwert. Sportler haben einen leicht höheren Bedarf (1,4 Gramm bis max. 2 Gramm). Die immer noch gängigen Empfehlungen mancher Coaches aus den 80ern von 2–4 Gramm pro Kilogramm Körpergewicht entbehren jeglicher wissenschaftlicher Grundlage. Macht euch also

NÜTZLICHES WISSEN

OHNE FLEISCH GEHT'S AUCH!

Wenn das jetzt langsam auch in der breiten Gesellschaft ankommt und die stark angestaubten Theorien des 20. Jahrhunderts aus den Köpfen der Menschen verschwinden, machen wir einen wichtigen Schritt in eine zeitgerechte Ernährung. Besser für die Umwelt, besser für die Gesundheit, besser für die Waage, besser für das Tierwohl. Das Einzige, was uns daran hindert, ist die Marketing-Maschinerie der Lebensmittel- und Fleischindustrie. Und die eigene Akzeptanz, dass es vielleicht auch anders geht, als man es gewohnt ist.

keine Sorgen. Viele erfolgreiche Leistungssportler ernähren sich pflanzenbasiert, um gezielt Entzündungsherden und Muskelverletzungen vorzubeugen. Und das zeigt uns, dass sich die Nährstoffaufnahme in der Sport- und Ernährungswissenschaft deutlich geändert hat.

BALLASTSTOFFE

Die eigentlichen Helden, wenn es darum geht, erfolgreich, gesund und dauerhaft abzunehmen, sind Ballaststoffe. Und wisst ihr, wo Ballaststoffe nicht vorkommen? In tierischen Produkten. Ballaststoffe kommen ausschließlich in pflanzlichen Lebensmitteln vor und sind maßgeblich daran beteiligt, die Verdauung positiv zu beeinflussen, das Sättigungsgefühl zu regulieren, den Blutzucker konstant zu halten, das Cholesterin zu senken und zum allgemeinen Wohlbefinden beizutragen. Es sollten mindestens 30 Gramm Ballaststoffe täglich gegessen werden. Und da liegt die Betonung auf mindestens. Es dürfen durchaus etwas mehr sein. Diabetiker gerne zwischen 40 und 50 Gramm pro Tag.

Gemüse: Das wird jetzt keinen Aha-Effekt auslösen, wenn ich sage, dass Gemüse täglich auf den Teller soll. Das hat sich inzwischen schon rumgesprochen. Aber damit ihr auch was zum Greifen habt, gibt's hier ein paar Zahlen. Täglich 400 Gramm Gemüse sind laut DGE empfehlenswert. Wegen mir gerne auch ein bisschen mehr. Und wenn wir davon knapp 150 Gramm in Form von Rohkost zu uns nehmen, dann nähern wir uns schon ganz gut einer perfekten Ballaststoffzufuhr.

Obst: Und weil wir gerade beim Aha-Effekt sind. Wenn ihr dann noch gut 250 Gramm Obst hinterherschiebt, dann haben wir das Thema »bedarfsdeckend und richtig essen« schon ganz gut angerissen. Absolut top in der Obstabteilung sind Beeren, die obendrein jede Menge Antioxidanzien in Form von sekundären Pflanzenstoffen liefern.

Jetzt solltet ihr einen groben Überblick haben, worauf es in der Theorie ankommt und wie man vollwertig und ausgewogen seine Gerichte planen kann. Täglich auf den Teller gehören frisches Obst, frisches Gemüse, Vollkorngetreide, Hülsenfrüchte, Nüsse und Samen, pflanzliche Öle, Kräuter, Sprossen und fermentierte Lebensmittel. Aber wie es mit der Theorie halt so ist. Es ist halt Theorie. Machen wir mit etwas Greifbarem weiter: Geschmack. Und darüber lässt sich zum Glück nicht streiten.

GESUNDES ZEUG – IGITT!

Gesund! Alles schön und gut, aber irgendwie schmeckt's einfach nach »eigschlaffane Fiaß«, weil Fleisch, Wurst, kräftige Saucen oder Käse fehlen. Diesen Spruch höre ich immer wieder.

UMAMI IST KEINE PAPIERFALTTECHNIK

Klar, es ist ja auch unglaublich schwierig, den Geschmack von Wurst und Fleisch, also die Kombination von Salz, Fett und Röstaromen, zu toppen. Oder so ein vollmundiger Käse – einfach ein Gaumenschmaus! Müssen wir gar nicht lange drum herum reden. Schmeckt halt. Und in dem Moment, in dem man versteht, warum etwas gut schmeckt, lässt sich das ganz wunderbar auch auf »das gesunde Zeug« übertragen. Stichwort Umami. Bei uns in Deutschland hat sich die bewusste Verwendung von Umami leider immer noch nicht so wirklich etablieren können. Ganz anders die Verwendung von Süße, Säure, Bitterkeit, Salz. Die ist inzwischen auf unseren Tellern angekommen und bereitet ganz vielen Menschen jede Menge Genuss. Umami ist neben süß, sauer, salzig und bitter die fünfte Geschmacksrichtung und nicht, wie man oft glaubt, die Kombination aus salzig und fettig. Umami ist ein für sich selbst stehender Geschmack, den man mit herzhaft oder vollmundig umschreiben könnte. Und umami Lebensmittel zählen zu den Hauptgeschmacksträgern. Sie sind vollgestopft mit Glutamat und sorgen unter anderem dafür, dass uns eine Speise besonders gut schmeckt.

GLUTAMAT IST NICHT UNGESUND

Nein! Glutamat verursacht keine Migräne, keinen Durchfall, kein Unwohlsein, Alzheimer oder was auch immer. Willkommen im 21. Jahrhundert. Dieser Mythos wurde in mehreren Studien gebustert. Glutamat, also die Glutaminsäure, ist ein in Lebensmitteln natürlich vorkommender Stoff, der bei der Zerlegung von Proteinen entsteht. Es ist ein Grund, warum euch Parmesan so gut schmeckt oder reife Tomaten oder geräucherter Fisch oder gebratenes Fleisch. Ich kann es gar nicht oft genug betonen. Umami ist einfach affengeil und ganz entscheidend, damit wir vom gesunden Zeug nicht genug bekommen können. Jetzt wissen wir also, was das Geheimnis von leckerem Essen ist: jede Menge Umami. Und in ungesunden Lebensmitteln finden sich zusätzlich noch ganz viele gesättigte Fette, Transfette und Cholesterin. Also die Hauptursachen für Diabetes mellitus Typ 2, hohe Cholesterinwerte und Bluthochdruck. Und auf die werden wir in diesem Buch, so gut es geht, verzichten. Jetzt müssen wir es also nur noch schaffen, dass das gesunde Zeug mindestens so gut schmeckt, dass uns der Verzicht auf ungesundes Zeug nicht auf die Nerven geht.

NATÜRLICHE
UMAMI-QUELLE

UMAMI-QUELLEN

»Zuerst kommt der Geschmack, dann der Kopf. Weil der Kopf nur mitmacht, wenn der Geschmack Ja sagt. Und dafür sorgen Zutaten mit Umami-Bums.«

Was es braucht, um unseren Gaumen Halleluja schreien zu lassen, haben wir bereits erfahren: Umami! Aber mit Theorie konnte ich in der Schule schon wenig anfangen, was mich zu der folgenschweren Entscheidung führte, etwas Naturwissenschaftliches zu studieren. Schön war's, nur komplett am Bedarf vorbei. Und damit euch das nicht auch passiert, will ich euch die wichtigsten Zutaten an die Hand geben, die man für ein voll umfassendes Geschmackserlebnis bei einer Mahlzeit braucht. Ihr werdet begeistert sein.

MISO? KOMBU-ALGE? BRAUCHT MAN DAS?

Ganz nach dem Motto: Was der Bauer nicht kennt, das isst er nicht. Bei genauerer Betrachtung ein unglaublich philosophischer und nachhaltiger Spruch. Eine versteckte Weisheit, die dabei hilft, das durch den grenzenlosen Konsum erschaffene Klimaproblem erst gar nicht entstehen zu lassen. Da wir aber mittlerweile in einer globalisierten Welt leben, mit all ihren Vor- und Nachteilen, wollen wir den großen Vorteil nutzen und auf die fast überall erhältlichen Gewürz-Schätze zurückgreifen. Man muss sich nur einmal überwinden, mal was Neues in seinen Schrank zu stellen. Indem wir aber weitestgehend auf tierische Produkte verzichten, leisten wir einen richtig großen klimafreundlichen Beitrag.

GEBALLTE UMAMI-POWER

UMAMI-KNÜLLER FÜR DEN VORRAT

Mit meinen Rezepten werden euch diese Umami-Bomben so in Fleisch und Blut übergehen, dass ihr gar nicht mehr ohne kochen wollt.

SOJASAUCE

Sojasaucen findet man in fast jedem Supermarkt. Das Problem: gute Sojasaucen nicht. In eine gute Sojasauce gehört nichts außer: Sojabohnen, Wasser, Weizen und Salz, oder bei der glutenfreien Tamari: Sojabohnen, Wasser, Salz und Koji-Ferment (Shochu).
Umami-Skala: »Scho sehr gschmackig«

MISO

Jetzt wird es schon etwas exotischer, aber weil Miso mein persönlicher Gamechanger ist, machen wir gleich damit weiter. Die hellen Miso-Sorten mit einem höheren Reisanteil, von leicht süßlich bis herzhaft mild, eignen sich für leichte Saucen und Dressings. Die etwas deftigeren dunklen Misos bringen noch mal richtig Geschmacks-Rodeo in deftige Gerichte, wie Eintöpfe, Currys, Ofengemüse und kräftige Saucen, Marinaden und Suppen. Miso ist ein fermentiertes Lebensmittel, in dem außer Getreide, Hülsenfrüchten, Salz und Aspergillus Orizae (Koji-Ferment) nix drin verloren hat.
Umami-Skala: »Gschmackig wär untertrieben. Es ist der Inbegriff von gschmackig.«

HEFEFLOCKEN

Ich habe lange gebraucht, um mich mit Hefeflocken anzufreunden. Ich konnte mir eine ganze Zeit lang einfach nicht vorstellen, was ich damit machen soll, und hatte dabei immer den Geschmack von frischer Hefe im Kopf. Und das hat mich, ganz ehrlich, ein bisschen abgeturnt. Aber: Hefeflocken unterstreichen den Geschmack von deftigen Gerichten um ein Vielfaches und bringen gleichzeitig jede Menge B-Vitamine ins Essen. Je nach Sorte reicht ein Esslöffel Hefeflocken aus, um damit den Tagesbedarf an Vitamin B_1 zu decken.

Umami-Skala: »So ziemlich das Gschmackigste in Pulverform«

DASHI

Ich verwende immer noch Instant-Gemüsebrühe, aber wann immer ich die Möglichkeit habe, Dashi zu machen, wird Dashi immer die Flüssigkeit meiner Wahl sein. Japaner und Japanerinnen werden mich jetzt böse anschauen, weil wir hier kein echtes Dashi machen, aber da ich nicht reinen Gewissens die Verwendung von Bonito-Flocken (getrockneter Thunfisch) empfehlen kann, wird unser Dashi (Rezept s. S. 44) ein fischfreies Dashi aus Kombu und Shiitake sein.

Umami-Skala: »Gschmackig, gschmackiger, Dashi«

KOMBU-ALGE

Die Kombu-Alge ist essbarer Seetang und der mit großem Abstand beste Glutamat-Lieferant der Pflanzenwelt. Eigentlich sticht sie sogar Parmesan aus (bester tierischer Glutamat-Lieferant). Sie ist also die unangefochtene Königin des guten Geschmacks. Und da die Frage immer kommt: Nein, es schmeckt dann nicht alles nach Meer, und nein, im fertigen Gericht schmeckt man die Alge nicht raus. Menschen, die krankheitsbedingt auf ihren Jod-Konsum achten müssen, sollten bei der Verwendung von Algen vorsichtig sein, da sie oft sehr viel Jod enthalten.

Umami-Skala: »Das dezent Gschmackigste, was man so essen kann.«

MIRIN

Mirin ist ein Süßungsmittel auf fermentierter Reisbasis. Braucht man neben Vollrohrzucker, Honig, Ahornsirup, Agavendicksaft, Dattelcreme und Zuckerrübensirup jetzt zwingend noch ein weiteres Süßungsmittel? Nein. Aber wenn ihr es zufällig zu Hause habt oder es mal zufällig in den Einkaufswagen springt, dann werdet ihr sehen: Es ist ganz anders und verleiht den Gerichten eine unverwechselbare dezente Süße. Passt auf, es gibt immer wieder Varianten mit Alkohol. Das kann ganz charmant sein, aber ich bevorzuge Mirin ohne Alkohol, bestehend nur aus fermentiertem Reis.

Umami-Skala: »Hat kein Umami, ist aber trotzdem gschmackig.«

ACETO BALSAMICO

Es gibt Dutzende verschiedener Essigsorten. Vor allem, wenn man die aus dem asiatischen Raum mit dazu nimmt. Ich habe die Erfahrung gemacht, dass man mit einem guten weißen Aceto balsamico und einem guten dunklen Aceto balsamico ganz gut fährt und deswegen brauchen wir für die Rezepte in diesem Buch ausschließlich diese zwei Sorten. Ich hoffe, man erkennt hier meinen Willen, etwas Komplexität aus den Rezepten zu nehmen.

Umamai-Skala: »Sauer macht lustig.«

GETROCKNETE TOMATEN

Eins haben getrocknete Tomaten und Tomatenmark gemeinsam. Sie konzentrieren jede Menge Umami. Das Salz der getrockneten Tomaten bringt hier natürlich noch mal einen extra Kick mit ins Essen und es ist immer wieder erstaunlich, wie einfach man mit getrockneten Tomaten, ein bisschen geräuchertem Paprikapulver, Sojasauce, Tomatenmark und Ahornsirup eine kraftvolle und herzhafte Sauce oder Marinade, wie zum Beispiel in der Umami Pasta (s. S. 125), zaubern kann.

Umami-Skala: »Definitiv … JA«

GETROCKNETE SHIITAKE

Ihr könnt euch vorstellen, dass Kombu-Alge plus getrocknete Shiitakepilze ein unvergleichliches, unbeschreibliches Geschmackserlebnis in eurem Mund hervorrufen, weil halt einfach Glutamat ohne Ende. Diese tolle Kombination nennt man dann veganes Dashi. Ihr merkt schon: Auch wenn ihr wollt, ihr kommt nicht um Kombu und Shiitake drum herum. Fidelbum.

Umami-Skala: »Wennst gschmackig im Duden suchst, findest ein Bild vom getrockneten Shiitakepilz.« (Natürlich nicht.)

TAHIN

So unspektakulär Sesam ist, so spektakulär wird es, wenn man Sesam anröstet und ihn mit etwas Salz und Olivenöl zu einer cremigen Paste mixt. Tahin findet man in jedem gut sortierten Supermarkt, spätestens aber im Bio-Supermarkt. Und ganz ehrlich. Es ist so unglaublich einfach, Tahin selber herzustellen (500 g Sesam in einer Pfanne anrösten. Zusammen mit ½ TL Salz und 50 ml Olivenöl im Standmixer cremig mixen), dass man das gesparte Geld lieber in einen guten Balsamico-Essig investiert.

Umami-Skala: »Es muss ja nicht überall Umami drin sein. Manchmal reicht es, wenn es salzig und nach geröstetem Sesam schmeckt.«

KNOBLAUCH UND ZWIEBELN

Ihr werdet kein Rezept in diesem Buch finden, das nicht Knoblauch und Zwiebeln enthält. Das war gelogen, aber: Ein Gericht kann noch so viel Umami haben, wenn Knoblauch und Zwiebeln fehlen, dann fehlt die Hälfte des Geschmacks. Denn Knoblauch und Zwiebel sind wie die Superhelden He-Man und She-Ra, Punkt.
Umami-Skala: »Ohne die beiden brauchen wir keine Umami-Skala.«

CURRYPASTE

Ob gelbe, grüne oder rote Currypaste, es ist ganz egal, welche, Hauptsache eine steht im Kühlschrank. Die Vielfältigkeit ist einfach grenzenlos. Und die Kombination aus Kokosmilch und Currypaste ist hier noch die langweiligste, wenn auch sehr lecker. Aber kombiniert mal Tomatenmark, Miso, Currypaste, Zitronensaft und Zuckerrübensirup. Holy moly.
Umami-Skala: »Umami? Was ist das?«

TOMATENMARK

Für mich eines der am meisten unterschätzten Lebensmittel, wenn es um Umami geht.
Umami-Skala: »Zieht die Fäden dezent im Hintergrund.«

THE BIG 5

Es gibt viele gesunde Lebensmittel, aber wenn ich nur fünf davon auf eine Insel mitnehmen dürfte, dann wären das diese hier, in all ihrer Sortenvielfalt.

Kreuzblütler

Zu sagen, Gemüse ist supergesund, würde jetzt niemanden von den Socken hauen. Mittlerweile sollte es durchaus bekannt sein, dass grünes Blattgemüse, Knollen- und Wurzelgemüse, Paprika, Tomaten, Gurken, Kürbis etc. uns mit wichtigen sekundären Pflanzenstoffen beliefern. Nicht umsonst spricht man oft davon, dass man die Regenbogenfarben essen sollte. Und das schaffen wir halt nur mit Gemüse. Die wichtigsten sekundären Pflanzenstoffe sind Carotinoide, Glucosinolate, Polyphenole, Phytoöstrogene und Sulfide. Und die Gemüse, die uns hierbei am meisten unterstützen, sind die Kreuzblütler: angefangen bei den verschiedenen Kressesorten über alle Kohlgewächse bis hin zu Radieschen oder Meerrettich.

Kreuzblütler vereinen aufgrund ihrer Vielfalt mit Abstand die meisten und wichtigsten sekundären Pflanzenstoffe unter den Gemüsearten und besitzen darüber hinaus ein wichtiges Enzym. Die Myrosinase. Dieses Enzym hilft uns dabei, Senfölglykoside aufzuspalten und somit an die extrem gesunden Senföle ranzukommen. Diese wirken nachweislich stark antibakteriell und entzündungshemmend und auf kleinen Umwegen auch antioxidativ. Da Myrosinase hitzeempfindlich ist, empfiehlt es sich, immer einen rohen Kreuzblütler mit einem gegarten zu kombinieren – zum Beispiel zu einem Kohlauflauf einen Radieschen-Salat mit Brunnenkresse.

Hülsenfrüchte

Hülsenfrüchte sind neben tierischen Produkten unsere wichtigste Eiweißquelle. Und weil wir hier in diesem Buch mal, so gut es geht, auf tierische Produkte verzichten wollen, versorgen sie uns mit den besten pflanzlichen Proteinen, Ballaststoffen und Unmengen an Mikronährstoffen. Außerdem haben sie einen positiven Effekt auf den Insulinspiegel und das Herz-Kreislauf-System. Vor allem Bohnen, Linsen und Kichererbsen sind hier hervorzuheben. Einige Studien zeigten sogar, dass Erbsen, Bohnen und Linsen mit einem verringerten Risiko für bestimmte Krebsarten wie Brust-, Darm- und Prostatakrebs in Verbindung stehen. Deswegen ist es nicht überraschend, dass das amerikanische National Cancer Institute zu jeder Mahlzeit Hülsenfrüchte empfiehlt.

Aber unabhängig davon sollten allein wegen des überdurchschnittlich hohen Ballaststoffanteils und des hohen Proteingehalts Hülsenfrüchte regelmäßig auf den Teller. Und wer Angst vorm Pupsen hat, keine Angst. Richtig zubereitet, gewöhnt sich der Darm relativ schnell daran.
Außerdem besitzen Hülsenfrüchte einen hohen Lysingehalt. Diese Aminosäure ist essenziell und für die Proteinaufnahme von anderen pflanzlichen Lebensmitteln, die kein Lysin besitzen, wie zum Beispiel Getreideeiweiß, enorm hilfreich.
Wer also die Bioverfügbarkeit von Vollkornprodukten erhöhen möchte, aber auch von Seitan, der sollte diese immer mit Hülsenfrüchten kombinieren. Nicht zwingend zur selben Mahlzeit, aber am selben Tag.

Für die meisten getrockneten Bohnen und Kichererbsen gilt: Mindestens 12 Stunden einweichen, Einweichwasser wegschütten und die Hülsenfrüchte in frischem Wasser ganz sanft 90 Minuten köcheln lassen. Ein Schnellkochtopf verkürzt hier die Kochzeit ungefähr um die Hälfte. Für die meisten Linsen gilt: 2 Stunden einweichen, das Einweichwasser wegschütten und zwischen 5 Minuten (gelbe und rote Linsen) und 30 Minuten (grüne und braune Linsen) zugedeckt ganz sanft köcheln lassen.

Vollkorngetreide

Ohne Getreide ist eine ausgewogene, vollwertige und gesunde Ernährung nicht möglich. Aber wir müssen ganz klar unterscheiden, zwischen verarbeitetem Getreide und Vollkorngetreide. Deswegen ist es in erster Linie auch nicht relevant, welches Getreide man isst, sondern wie es verarbeitet wurde. Weizen wird oft verteufelt, dabei ist nicht das Weizenkorn das Problem, sondern das, was daraus gemacht wird. Vollkornweizen ist durchaus ein gesundes und vollwertiges Lebensmittel, welches man bedenkenlos in seinen Ernährungsplan einbauen kann.

Ganz im Gegensatz zu einem Weizenmehl Type 405. Grundsätzlich lässt sich sagen, je niedriger die Typen-Zahl des Mehls, desto seltener sollte es verwendet werden, da die Zahl indirekt den Nährstoffgehalt des Mehls wiedergibt. Also Type 405 zum Beispiel seltener benutzen als Type 1 050. Und im Idealfall verwenden wir, so gut es geht, das ganze Korn. Denn dann haben wir den geringsten Nährstoffverlust und erhalten die maximalen Vorteile des Getreidekorns. Und die sind nicht zu vernachlässigen.

Regelmäßiger Konsum von Vollkorngetreide steht in Verbindung mit einem unauffälligen Cholesterinspiegel, besseren Blutzuckerwerten und damit einem geringeren Risiko, an Diabetes Typ 2 zu erkranken. Wer Vollkorngetreide isst, senkt seinen Blutdruck und damit die Gefahr für Herz-Kreislauf-Erkrankungen. Er ist länger satt und wird deshalb mit einer geringeren Wahrscheinlichkeit übergewichtig werden.

Die wichtigsten Getreide- und Pseudogetreidesorten sind: Roggen, Einkorn, Dinkel, Grünkern, Gerste, Hafer, Hirse, Buchweizen, Quinoa und Vollkornreis.

Nüsse, Kerne, Samen

Der Begriff Körnerfresser wird oft verwendet, um abfällig einen Menschen zu bezeichnen, der wenig oder keine tierischen Produkte isst. Ich habe keine Ahnung, warum. Denn im Endeffekt sollten Nüsse, Samen und Kerne täglich auf den Teller, ganz unabhängig davon, wie die bevorzugten Essgewohnheiten sind. Denn neben dem gesundheitlichen Nutzen ist es doch unser Ziel, dass unser Essen einfach unglaublich lecker schmeckt und uns auch superlange satt macht. Dabei helfen uns eben Nüsse, Kerne und Samen nahezu perfekt. Auf diese Lebensmittel zu verzichten, nur weil man viele tierische Produkte isst, macht also hinten und vorne keinen Sinn. Sie ergänzen einfach unseren Speiseplan so unglaublich sinnvoll und effektiv und wirken sich nebenbei auch noch extrem positiv auf unser Herz-Kreislauf-System, unsere Gehirnleistung und auf unsere Cholesterinwerte aus.

Das Vogelfutter bringt durch seinen sehr hohen Gehalt an Eiweiß (ca. 20 Gramm pro 100 Gramm), an einfach und mehrfach ungesättigten Fettsäuren, an Mineralstoffen (Magnesium, Kalium, Zink, Phosphor etc.), an Vitaminen aus der B-Gruppe sowie Vitamin E, an Ballaststoffen und sekundären Pflanzenstoffen alles mit, um es locker-flockig unter die fünf gesündesten Lebensmittel zu schaffen.

Einziger Wermutstropfen sind natürlich die Allergene. Bestimmte Nüsse können bei manchen Menschen hochgradig gefährliche Allergien auslösen. Wer nicht von einer Allergie geplagt ist, der darf gerne eine Handvoll am Tag in die Rezepte integrieren oder als kleinen Energieschub zwischendurch essen. Die wichtigsten Vertreter sind: Leinsamen, Hanfsamen, Chia-Samen, Sesam, Sonnenblumenkerne, Kürbiskerne, Pekannüsse, Walnüsse, Haselnüsse, Pistazien, Mandeln und Erdnüsse.

Beeren

Beim Obst verhält es sich wie mit dem Gemüse. Wir wissen alle: Obst ist gesund. Aber wie beim Gemüse gibt es auch Obst, das ein bisschen gesünder ist. Vor allem, wenn man den Schwerpunkt jetzt nicht auf Vitamine und Mineralstoffe legt, sondern auf sekundäre Pflanzenstoffe und damit auf die stark antioxidative Wirkung bestimmter Obstsorten. Johannisbeere, Erdbeere, Heidelbeere, Brombeere, Himbeere, Stachelbeere – diese Früchte enthalten die stärksten antioxidativen sekundären Pflanzenstoffe und sollten deshalb so oft wie möglich auf eurem Speiseplan landen.

Wenn man sich nicht nur auf Beeren beschränken möchte, dann kann man auch noch Pflaumen, Granatäpfel, Datteln, Kirschen und Feigen zu den stark antioxidativen Früchten zählen.

Die DGE empfiehlt ca. 250 Gramm Obst am Tag. Wenn man davon 150 Gramm durch Beeren deckt und die restlichen 100 Gramm durch Obst mit einem guten Glukose-Fruktose-Verhältnis (und das ist fifty-fifty), wie zum Beispiel Pflaumen, Trauben, Grapefruit und Bananen, dann kommt man einer optimalen Obstversorgung schon ganz nahe.

Für Menschen mit einer Fruktoseintoleranz, die meist nicht durch den Verzehr von Obst begünstigt wird, sondern durch den Konsum von Fruchtsäften, Dicksäften und industriell verarbeiteten Lebensmitteln, empfiehlt es sich, Obst mit einem Fruktose-Überschuss, wie die genannten Beeren, aber auch Apfel, Birne, Ananas und Mango, mit stärkehaltigen Lebensmitteln zu kombinieren. Wie zum Beispiel Haferflocken, Hirse oder Graupen-Porridge. Der Verdauungsprozess wird durch diese Paarung verlangsamt, die Glukose, die dabei entsteht, hilft bei der Aufnahme der Fruktose im Dünndarm und macht sie somit verträglicher.

DER SCHLANKE REGENBOGEN

Lasst mit den hier genannten Lebensmittelgruppen euren Teller in bunten Farben leuchten, um nährstoffreich zu essen und lange satt zu bleiben.

MINERALSTOFFREICHE LEBENSMITTEL

Jede einzelne Körperzelle ist auf die Hilfe von Mineralstoffen angewiesen.

Kalziumreich: Sesam, Chia-Samen, Mandeln, Brokkoli, Grünkohl, Tofu

Eisenreich: Kürbiskerne, Leinsamen, Hirse, Sesam, Hülsenfrüchte, Mangold

Magnesiumreich: Bohnen, Brokkoli, Grünkohl, Kohlrabi, Himbeeren, Kartoffeln, Vollkorngetreide, frische oder tiefgekühlte Kräuter, Miso

BALLASTSTOFFREICHE LEBENSMITTEL

Ballaststoffe machen uns nicht nur megalange satt, sie unterstützen auch die Darmgesundheit.

Vollkorngetreideprodukte, Hülsenfrüchte, Kreuzblütler, frisches oder tiefgekühltes Obst, frisches oder tiefgekühltes Gemüse, fermentiertes Gemüse

VITAMINREICHE LEBENSMITTEL

Vitamine sind an fast allen wichtigen Stoffwechselprozessen beteiligt.

Vitamin-A-reich: Süßkartoffel, Kürbis, Möhre

Vitamin-B-reich: Hefeflocken, Pilze, Eier, Avocado, Spinat, Brokkoli, Hülsenfrüchte, Fleisch, Käse

Vitamin-C-reich: frische oder tiefgekühlte Beeren, Grünkohl

PROTEINREICHE LEBENSMITTEL

Sie sind die Bauherren unseres Körpers. Proteine erneuern Zellen, tauschen alt gegen neu und machen uns einfach stark.

Tempeh, Tofu, Kombination aus Hülsenfrüchten und Vollkorngetreide, Pilze, Grünkohl, Sprossen, gekeimte Hülsenfrüchte und gekeimtes Getreide, Pflanzendrink und -joghurt

OMEGA-3-REICHE LEBENSMITTEL

Omega-3 ist einfach essenziell. Unser Körper kann alpha-Linolensäure nicht selbst herstellen und deshalb müssen wir sie über die Nahrung zu uns nehmen. Und da Omega-3-Fettsäuren unsere Zellen geschmeidig halten, ist es ganz klug, ausreichend davon zu essen.

Hanfsamen, Leinsamen, Walnüsse, Chia-Samen, Mikroalgenöl, Nussmuse

ZUTATEN - SCHLAU
KOMBINIERT

MINDMAP KLUGE ERNÄHRUNG

Hier gibt's noch mal eine kleine Zusammenfassung, worauf ihr in eurer Ernährung achten solltet.

MAKRONÄHRSTOFFVERTEILUNG

Meine Rezepte liefern ungefähr 50 Prozent Kohlenhydrate, 20 Prozent Eiweiß und 30 Prozent Fett. Aber jeder Körper reagiert anders auf die diversen Hauptnährstoffe. Wenn ihr feststellt, dass euch weniger Kohlenhydrate und dafür etwas mehr Fett und Eiweiß guttun, dann erhöht Tofu, Hülsenfrüchte, Öle und Nüsse und reduziert Getreide & Co, verzichtet aber auf keinen Hauptnährstoff komplett.

IDEALE KOMBI

VOLLKORN + HÜLSENFRÜCHTE + GEMÜSE

Mit dieser Formel versorgt ihr euch top mit allen Nährstoffen, von Vitamin A bis Zink. Die Mahlzeiten haben eine hohe Nährstoffdichte im Verhältnis zur Energie, die die Gerichte enthalten, und liefern dank ihrer hohen biologischen Wertigkeit hochwertiges Eiweiß. Ihr bleibt lange satt und esst so über den Tag verteilt weniger. Das lässt die Pfunde purzeln.

MEINE BENÖTIGTE ENERGIEMENGE

Grundsätzlich unterscheiden wir zwischen Grundumsatz und Leistungsumsatz. Der Grundumsatz ist die Energie, die der Körper im absoluten Ruhezustand verbraucht. Zum Beispiel beim Schlafen. Um Leistung zu bringen, benötigen wir zusätzliche Energie. Dann sprechen wir vom Leistungsumsatz. Der ist aber von Person zu Person, vom Schreibtischtäter bis zum Bauarbeiter höchst unterschiedlich. Um den Gesamtumsatz zu berechnen, gibt es viele Formeln. Das ist alles aber ziemlich umständlich und ich bin kein Freund vom Kalorienzählen. Darum ist mein Ansatz ein anderer: Hört auf euren Körper. Esst nur dann, wenn ihr Hunger habt, esst nur so lange, bis ihr satt seid, und treibt regelmäßig Sport. Denn jedes aufgebaute Kilo Muskelmasse erhöht den Energiebedarf im Ruhezustand erheblich.

MAHLZEITENHÄUFIGKEIT

Mit zwei bis drei Mahlzeiten am Tag, zwischen denen vier bis sechs Stunden liegen, gebt ihr dem Körper Zeit, sie zu verwerten.

PERFECT MATCH

90-PLUS-10-REGEL

Zu viele Regeln verderben einem den Spaß am Essen und deswegen steht an erster Stelle der Geschmack und dann kann es auch mal etwas ungesünder sein. Nicht dass gesundes Essen nicht schmeckt, aber so ein zuckergeschwängerter Käsekuchen oder vor Fett triefende Spareribs vom Grill schmecken halt anders. Gut. Und wenn wir uns zu 90 Prozent klug und gesund ernähren, dann interessiert sich unser Körper relativ wenig für die restlichen 10 Prozent.

SAUCEN, DRESSINGS UND DIPS

»MIR MACHT DAS ESSEN AM MEISTEN SPASS, WENN MAN WAS EINTUNKEN, WAS DRAUFKLATSCHEN ODER DRÜBERSCHÜTTEN KANN. AM BESTEN NOCH MIT JEDER MENGE UMAMI UND BUMS.«

DRESSINGS UND MARINADEN

Die Zutaten können noch so langweilig sein, aber wenn Dressing oder Marinade genügend Bums haben, dann kann ich auch den ganzen Tag Feldsalat essen.

EINFACHES MISO-DRESSING

2 EL Olivenöl, **1 EL helles Miso**, **1 EL Zitronensaft** und **1 TL Dattelcreme (s. S. 77)** in einer Schüssel verrühren. Das Dressing passt hervorragend zu leichten Sommersalaten.

FRUCHTIGES ASIA-DRESSING

1 Stück Ingwer (ca. 5 cm lang) schälen, fein reiben, zusammen mit dem ausgepressten Saft von **1 Limette**, **1 TL Ahornsirup**, **1 TL Sojasauce** und **1 TL Aceto balsamico** in eine Schüssel geben und verrühren. Das fruchtig-scharfe Dressing passt super zu Asia-Salaten.

FOODWISSEN

Wenn ihr das Dressing mögt, dann könnt ihr auch gleich die dreifache Menge zubereiten und in einem Schraubglas im Kühlschrank locker eine Woche aufbewahren. Zusammen mit einer süßen Mango, Möhren, Rotkohl, Feldsalat und knusprigem Tofu bekommt ihr so auf die Schnelle einen leckeren Asia-Salat.

MAGISCHE MISO-MARINADE

Abgeriebene Schale und den ausgepressten Saft von **1 Bio-Zitrone**, **3 TL Olivenöl**, **2 EL helles Miso** sowie **2 EL Hefeflocken** in eine Schüssel geben und gut verrühren. Die Marinade eignet sich perfekt, um darin Tempeh, Tofu oder Seitan einzulegen, bevor sie im Backofen gebacken werden.

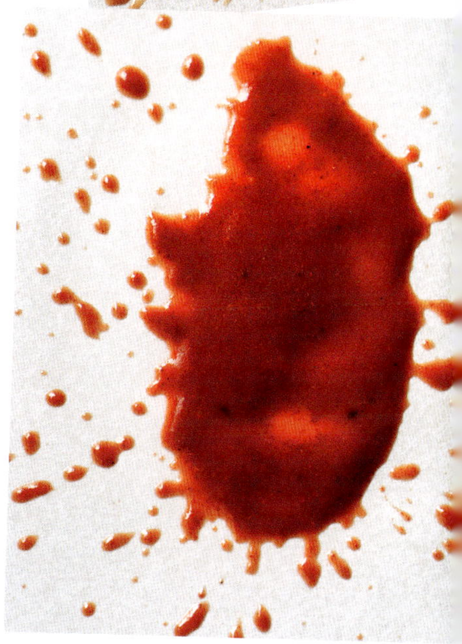

WUCHTIGE BBQ-MARINADE

1 Knoblauchzehe schälen, fein reiben, zusammen mit **1 EL Olivenöl**, **2 EL Dattelcreme (s. S. 77)**, **100 ml passierten Tomaten**, **2 EL Tamari**, **¼ TL Flüssigrauch** und **1 TL geräuchertem Paprikapulver** in einer Schüssel verrühren.

TOFU ODER TEMPEH MIT DER RAUCHIGEN BBQ-MISCHUNG MARINIEREN, UM SIE DANACH IN EINER PFANNE ZU BRATEN. HAMMER!!

SCHNELLE SAUCEN

Manchmal hat man nicht groß Zeit, aufwendig zu kochen. Umso wichtiger ist es, dass man ein paar leckere Saucen schnell aus dem Ärmel schütteln kann. Dann schmeckt auch der Staudensellerie fast wie gebratenes Hähnchen.

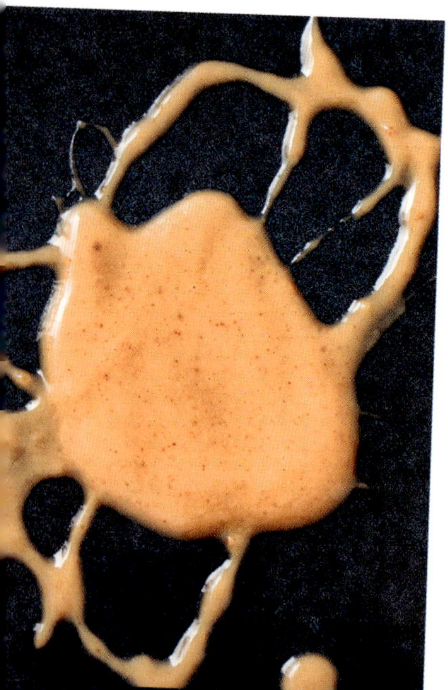

ERDNUSSSAUCE

Ausgepressten Saft von **1 Limette**, **2 EL Sojasauce**, **2 EL Erdnussmus**, **80 g Kokosmilch**, **80 ml Gemüsebrühe**, **1 Knoblauchzehe**, **1 TL Sriracha-Sauce** und **1 TL dunkles Miso** in einen hohen Rührbecher geben und mit dem Pürierstab zu einer cremigen Sauce mixen. Der scharf-saure Dip passt perfekt zu einer Gemüsepfanne oder zu gebratenem Tofu.

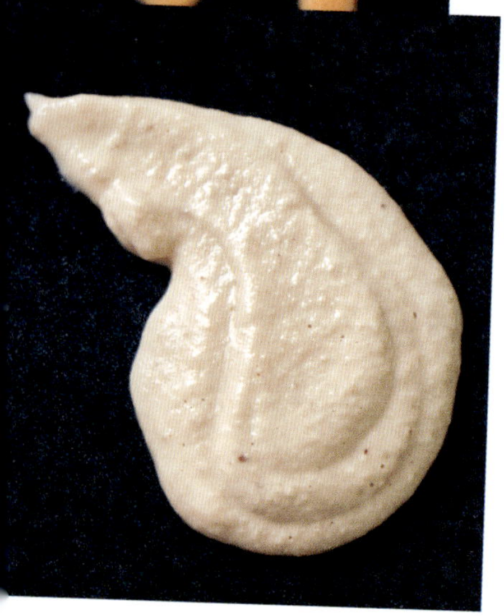

ÜBERRASCHUNGS-MAYONNAISE

100 g Cashewkerne in einem Topf mit Wasser bedecken und 20 Min. darin kochen, dann kalt abschrecken. Cashews, **100 ml Olivenöl**, **100 ml Sojadrink**, **2 EL Aceto balsamico bianco**, **1 TL Dijonsenf** und **1 Prise Salz** in den Standmixer geben, zu einer glatten Sauce pürieren und abgedeckt im Kühlschrank auskühlen lassen.

FOODWISSEN

Die vegane Mayo schmeckt erst so richtig gut, wenn sie kalt aus dem Kühlschrank kommt.

SAUCE TARTARE

2 EL vegane Mayonnaise, **1 Handvoll gewürfelte Essiggurken**, **1 EL Kapern**, etwas **Kapernflüssigkeit** und **1 EL Zitronensaft** in eine Schüssel geben und vermengen.

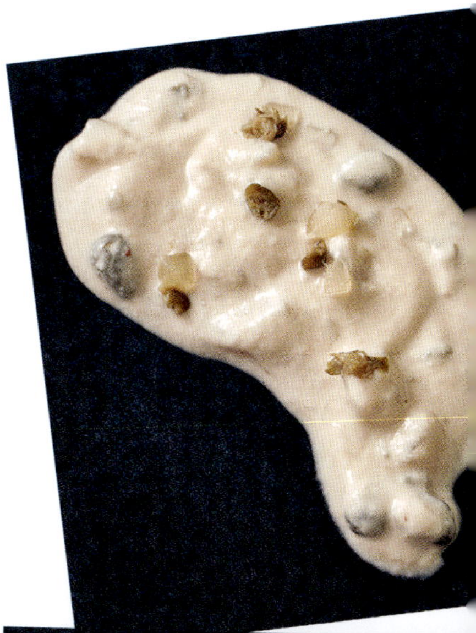

CHIPOTLE-SAUCE

2 EL vegane Mayonnaise, **1 TL Chipotle-Chili**, ausgepressten Saft von **1 Limette** und nach Belieben **1 Tropfen Flüssigrauch** in eine Schüssel geben und verrühren.

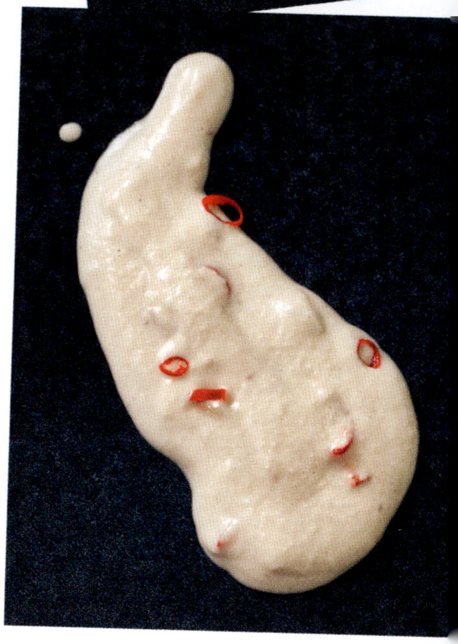

MIT DIESER SAUCE BEIM GRILLABEND FRAGT EUCH KEINER MEHR, OB DAS JETZT ECHTE MAYO IST ODER NICHT. ES WIRD GEFRAGT, OB NOCH SAUCE DA IST.

HOTTER-THAN-HOT-SAUCE

Es gibt nichts Besseres, als seine eigene, fermentierte Chilisauce selbst zu machen. Vorausgesetzt man mag es scharf und man mag es sauer. Für jeden Chili-Head hier die ultimative Chilisauce. Hotter than hot.

—

Für 6 Portionen
(à ca. 100 ml)

15 Min. Zubereitung
20 Tage Ruhen

- 2 Kaffir-Limettenblätter
- 100 g Salz
- 600 g Habanero-Chilischoten
- 1 Knolle Knoblauch
- 150 ml Olivenöl
- 200 ml Aceto balsamico bianco

1 In einem Topf 2 l Wasser zusammen mit den Limettenblättern aufkochen und 10 Min. köcheln lassen, dann auf Zimmertemperatur abkühlen lassen. Das Salz dazugeben und die Kaffir-Limettenblätter entfernen.

2 Die Chilis waschen, längs halbieren und von Kernen und weißen Trennwänden befreien. Chilihälften in ein großes Glas geben und mit dem Sud bedecken. Um die Chilis im Glas zu beschweren, damit sie vom Sud bedeckt bleiben, einen Frischhaltebeutel mit Wasser füllen und in das Glas mit hineinlegen. Das Glas verschließen und zuerst 6 Tage an einem dunklen Ort bei Zimmertemperatur, dann 2 Wochen im Kühlschrank lagern.

3 Knoblauchzehen schälen und fein schneiden. Das Olivenöl in einem Topf erhitzen und den Knoblauch darin langsam goldbraun braten, dann abkühlen lassen.

4 Chilis durch ein Sieb abgießen und den Geruch prüfen. Wenn sie leckerschmecker riechen, zusammen mit Knoblauch, Olivenöl, Aceto balsamico bianco und 100 ml Chilisud im Standmixer cremig pürieren.

DIE CHILISAUCE HÄLT SICH EWIG. SOLANGE SIE GUT RIECHT UND ANGENEHM SAUER IST, IST SIE AUCH GUT.

ULTIMATIVES UMAMI-PULVER

Das ist das natürlichste Glutamatpulver, das ich kenne. So unglaublich einfach, so unglaublich viel Bums.

—

Für 1 Glas (ca. 500 ml)
45 Min. Zubereitung
3 Std. Trocknen

100 g Shiitake (ersatzweise Steinpilze)
90 g getrocknete Shiitake (ersatzweise Steinpilze)
2 TL Salz
1 TL geräuchertes Paprikapulver

1 Frische Shiitake und 300 ml Wasser in einen Topf geben, aufkochen und köcheln, bis nur noch knapp 50 ml Wasser übrig sind. Die Flüssigkeit in ein Glas schütten. Shiitake nochmals mit 300 ml Wasser übergießen, aufkochen und köcheln, bis nur noch 50 ml Wasser übrig sind. Die Flüssigkeit ebenfalls in das Glas geben.

2 Die Pilzessenz in einem Topf bei kleiner bis mittlerer Hitze um die Hälfte reduzieren.

3 Getrocknete Shiitake in den Standmixer geben und fein vermahlen. Pilzessenz dazugeben, gut mischen und auf einem Backblech verteilen. Die Mischung im Backofen bei 50–60° trocknen, bis sie komplett trocken ist. Dabei das Pulver immer wieder mit der Hand vermischen, damit es von allen Seiten gut trocknen kann.

4 Das Pilzpulver zusammen mit Salz und Paprikapulver in den Standmixer geben und nochmals durchmixen. Das Pulver in ein verschließbares Glas füllen und immer dann einsetzen, wenn ein Geschmacks-Booster notwendig ist.

DASHI, MISO UND PONZU

Umami, Glutamat, Glutamat, Umami. Viel mehr fällt mir dazu nicht ein. Oder wie wir in Bayern sagen: einfach sakrisch guad.

ALGEN-DASHI

10 g Kombu-Alge, **je 2 EL Nori- und Wakame-Algen** in einem Topf mit **500 ml kaltem Wasser** übergießen und langsam zum Sieden bringen. Bevor die Mischung anfängt zu kochen, die Herdplatte ausschalten und den Algensud 45 Min. ziehen lassen. Anschließend die Flüssigkeit durch ein Sieb in ein Glas gießen und in den Kühlschrank stellen. Das Dashi ist eine hervorragende Basis für Suppen und Saucen.

GEPIMPTES DASHI

400 ml Dashi in einem Topf um die Hälfte reduzieren, abkühlen lassen und mit **8 TL Tamari** und **5 TL Mirin** mischen. Diese Würzsauce verwendet man in geringen Dosen, um Saucen und Suppen den finalen Twist zu verleihen. Ich empfehle, das Dashi in einen Eiswürfelbehälter abzufüllen und einzufrieren. Dann hat man immer den Geschmacks-Booster einsatzbereit im Tiefkühlfach.

FOODWISSEN

Zur Not funktioniert das Dashi auch nur mit Kombu-Alge, solltet ihr nicht an die anderen Algen rankommen. Dann könnt ihr einfach statt Nori und Wakame 3 getrocknete Shiitake dazuschmeißen. Schmeckt auch!

PONZU

100 ml Sojasauce, ausgepressten Saft von **1 Zitrone** und **1 EL Ahornsirup** in eine Schüssel geben, verrühren und in ein Schraubglas umfüllen. Ponzu hält sich im Kühlschrank Monate und ist perfekt, wenn man schnell süß, sauer, salzig, umami gleichzeitig braucht.

SWEET MISO

1 EL dunkles Miso, **1 EL helles Miso**, **1 EL Mirin**, **1 EL Ahornsirup** und **1 EL Reisessig** (ersatzweise Aceto balsamico) in eine Schüssel geben, verrühren und in ein Schraubglas umfüllen. Wenn ihr es in den Kühlschrank stellt, hält sich Sweet Miso monatelang.

SWEET MISO IST IDEAL, WENN MAN MAL NICHT SO VIELE GEWÜRZE ZU HAUSE HAT. ES VEREINT ALLE KLASSISCHEN ASIATISCHEN GESCHMACKSRICHTUNGEN.

ULTIMATIVE WÜRZPASTE

Ein Esslöffel dieser Paste verfeinert Suppen, Eintöpfe, Aufläufe und alles, was das Herz begehrt. Wenn ihr mal keine Gemüsebrühe am Start habt, dann vermischt einfach 500 ml Wasser mit 1 EL Paste, fertig!

—

Für 5 Gläser (à 100 ml)
30 Min. Zubereitung

400 g rote Zwiebeln
300 g Möhren
6 EL Olivenöl
Salz
1 Handvoll getrocknete Tomaten
5 Knoblauchzehen
100 ml Tamari
1 Dose weiße Bohnen (240 g Abtropfgewicht)
3 EL Hefeflocken
1 EL Tomatenmark
2 TL Sweet Miso (s. S. 45)
2 EL Apfelessig
1 TL geräuchertes Paprikapulver

1 Den Backofen auf 220° Umluft vorheizen. Die roten Zwiebeln schälen und in Scheiben schneiden. Möhren putzen, schälen und in Scheiben schneiden. Das Gemüse auf einem Backblech verteilen, mit 4 EL Olivenöl und 1 Prise Salz mischen und im heißen Ofen (Mitte) 15 Min. rösten.

2 Inzwischen die Tomaten mit 80 ml heißem Wasser übergießen und darin 5 Min. einweichen. Inzwischen den Knoblauch schälen. Tomaten samt Einweichwasser, Knoblauch, Tamari, Bohnen samt Kochflüssigkeit, Hefeflocken, Tomatenmark, Sweet Miso, Apfelessig und die restlichen 2 EL Olivenöl im Standmixer cremig pürieren.

3 Das Gemüse aus dem Ofen holen und in einer Schüssel mit der Sauce mischen. Backpapier auf das Backblech legen, das Gemüse samt Sauce darauf verteilen und im heißen Ofen (Mitte) weitere 10–15 Min. backen. Die Sauce darf nicht verbrennen, aber es müssen sich ordentlich Röstaromen bilden.

4 Das Gemüse zusammen mit dem Paprikapulver in den Mixer geben und zu einer feinen Masse mixen. Die Paste in kleine Schraubgläser (100 ml) abfüllen und tiefkühlen.

TSCHISI-SAUCE

Es muss nicht immer ein Käse-Dip sein. Es darf auch mal ein Tschisi-Dip sein. Denn wenn der Tschisi nach Käsi schmeckt, dann verzichtet man doch gerne mal auf ungesunde gesättigte Fette.

Für 2 Portionen
20 Min. Zubereitung

100 g Cashewkerne
1 Bio-Zitrone
100 ml Haferdrink
1 EL helles Miso
3 EL Hefeflocken

1 Die Cashews in einem Topf mit Wasser bedecken, zum Kochen bringen und 15 Min. köcheln lassen. Die Nüsse in ein Sieb abgießen. Die Zitrone heiß waschen, abtrocknen, die Schale fein abreiben und den Saft auspressen.

2 Cashews, Haferdrink, helles Miso, Hefeflocken, Zitronensaft und -schale in den Standmixer geben und fein pürieren. Tschisi ist eine schnelle und einfache Sauce, die super zu Pasta oder Reisgerichten schmeckt.

HALTBARKEIT

Gebt den Dip in ein dicht schließendes Schraub- oder Bügelverschlussglas und bewahrt es im Kühlschrank auf. Dann habt ihr noch mindestens 1 Woche Freude dran.

1 EL PASTE MIT 1 L WASSER VERRÜHREN UND FERTIG IST DIE BRÜHE.

INSTANT-GEMÜSEBRÜHE

Wenn ihr keine Zeit habt, mischt ihr einfach etwas Instantbrühe ins Essen und schon habt ihr Salz und Geschmack drin. Das Ziel dieses Rezeptes war es, Geschmack und Salz in perfekter Harmonie auf nur einen Esslöffel zu bringen.

—

Für 1 Einweckglas (500–600 ml)

45 Min. Zubereitung

200 g Lauch
200 g Möhren
200 g Knollensellerie
200 g Staudensellerie
200 g Zwiebeln
5 Knoblauchzehen
200 g Tomaten
1 Bund Petersilie
1 Bund Koriandergrün
1 Handvoll getrocknete Pilze
1 Handvoll getrocknete Tomaten
1 EL Pfefferkörner
2 TL Bockshornklee
2 TL Chipotle-Chili
5 Lorbeerblätter
1 EL dunkles Miso
3 EL helles Miso
2 EL Hefeflocken
100 g Meersalz
5 EL Olivenöl

1 Den Lauch putzen, längs aufschneiden und unter fließendem Wasser gründlich waschen. Möhren und Sellerie putzen und schälen. Staudensellerie waschen und putzen. Zwiebeln und Knoblauch schälen. Die Tomaten waschen, halbieren und von den Stielansätzen befreien. Die Kräuter waschen und trocken schütteln. Gemüse, Kräuter, getrocknete Pilze und getrocknete Tomaten in kleine Stücke schneiden.

2 Die einzelnen vorbereiteten Zutaten nacheinander im Standmixer pürieren, sodass sie noch etwas körnig, jedoch nicht breiig sind. Das zerkleinerte Gemüse in einem Topf mit den Gewürzen und dem Olivenöl mischen.

3 Die Gemüsemischung im Topf einmal richtig gut erhitzen. Das Ganze muss nicht kochen, sollte aber einmal so heiß wie möglich gemacht werden.

4 Die Gemüsemischung anschließend in ein steriles Einweckglas füllen. Die Paste hält sich im Kühlschrank gelagert mehrere Wochen, lässt sich aber auch problemlos tiefkühlen.

BEILAGEN, SALATE & FINGERFOOD

»WENN BEILAGEN SO GUT SIND, DASS MAN DAS HAUPTGERICHT LINKS LIEGEN LÄSST, DANN KANNST DAS HAUPTGERICHT ENTWEDER IN DER PFEIFEN RAUCHEN ODER DIE BEILAGEN HABEN ALLES RICHTIG GEMACHT. IN DIESEM KAPITEL VERSUCHEN WIR, ALLES RICHTIG ZU MACHEN.«

SCHNELLES GEMÜSE

Ich liebe es, einzelne Gemüsesorten einfach als Beilage auf den Tisch zu stellen. Wenn man die noch ein bisschen pimpt, dann wird aus langweiligem Gemüse ganz schnell eine Highlight-Begleitung.

SAURE ZWIEBELN

2 rote Zwiebeln schälen und in dünne Streifen schneiden. Zwiebelstreifen, ausgepressten Saft von **2 Limetten**, **1 TL Salz** und **1 TL Zuckerrübensirup** in einer Schüssel mischen und 2 Std. im Kühlschrank ziehen lassen. Die sauren Zwiebeln passen perfekt zu allem, was sich rollen, klappen oder bestreichen lässt.

SAURE RADIESCHEN

1 TL Salz, **1 TL Vollrohrzucker**, ausgepressten Saft von **1 Limette**, abgeriebene Schale und ausgepressten Saft von **1 Zitrone**, **3 EL Aceto balsamico**, **3 EL Sake** und **1 EL Mirin** in einer Schüssel mischen, bis Salz und Zucker sich aufgelöst haben. **1 Bund Radieschen** putzen, waschen, vierteln und in ein verschließbares Glas füllen. Die Flüssigkeit dazugießen, bis die Radieschen bedeckt sind. Das Glas mit dem Deckel verschließen und die Radieschen 1 Tag im Kühlschrank ziehen lassen. Durch den enthaltenen Alkohol sind die Radieschen nicht für Kinder geeignet.

FOODWISSEN

Als Kreuzblütler gehören Radieschen zu den myrosinasehaltigen Lebensmitteln und eignen sich hervorragend zum Kombinieren mit Kohlsorten. Auch die Blätter könnt ihr essen.

ZWEIERLEI PRINZESSINNEN

500 g Prinzessbohnen in reichlich Salzwasser bissfest kochen. **Je 1 TL schwarzen und hellen Sesam** in einer Pfanne ohne Fett anrösten, dann zusammen mit **¼ TL Salz** in eine Tasse geben. Die Hälfte der Bohnen in eine Schüssel geben und den Sesam-Salz-Mix sowie **1 TL geröstetes Sesamöl** darauf verteilen. **1 EL Hefeflocken**, **¼ TL Salz**, **½ TL geräuchertes Paprikapulver** und **1 TL Zwiebelpulver** (Gewürzregal im Supermarkt) in einer zweiten Tasse mischen. Die restlichen Bohnen in eine Schüssel geben und die Würzmischung zusammen mit **1 TL Apfelessig** darauf verteilen.

DIE ZWEIERLEI BOHNEN SCHMECKEN SUPERGUT ALS SNACK ZU EINEM POKERABEND (ROMMÉ GEHT NATÜRLICH AUCH) ODER ZU JEDER FEINEN HAUPTSPEISE ALS BEILAGE.

FRUCHTIG-DEFTIGER ROTKOHLSALAT

Es gibt gefühlt nur eine Variante vom Rotkohlsalat. Zumindest, wenn man ins Restaurant geht. Hier stelle ich euch eine zweite vor. Für den Fall, dass ihr mal nicht ins Restaurant geht.

—

Für 4 Portionen
30 Min. Zubereitung

Dressing:
3 Datteln
1 Limette
¼ Grapefruit
4 Knoblauchzehen
3 EL Olivenöl
1 EL Sojasauce
Röstzwiebeln:
2 rote Zwiebeln
1 EL Olivenöl
Salz
2 TL Dattelcreme (s. S. 77)
Salat:
1 kleiner Rotkohl (250 g)
1 Bund Radieschen
1 Möhre
125 g Feldsalat
1 Handvoll Thai-Basilikumblätter
¾ Grapefruit
1 Bund Frühlingszwiebeln
2 Handvoll Cashewkerne

1 Für das Dressing die Datteln in einer Tasse mit Wasser bedecken und ca. 30 Min. einweichen. Inzwischen für die Röstzwiebeln die Zwiebeln schälen und fein würfeln. Das Olivenöl in einer Pfanne erhitzen und darin Zwiebeln und ¼ TL Salz dunkelgoldbraun rösten. Die Herdplatte ausschalten und die Zwiebeln mit Dattelcreme abschmecken.

2 Für den Salat den Rotkohl waschen, vom Strunk befreien und in feine Streifen schneiden. Radieschen waschen und putzen. Möhre putzen und schälen. Radieschen und Möhre zum Rotkohl hobeln. Feldsalat, Radieschen- und Basilikumblätter getrennt waschen und trocken schleudern. Von der Grapefruit die Schale samt der weißen Haut bis ins Fruchtfleisch abschneiden. Die Filets zwischen den weißen Trennwänden herauslösen und in Stücke schneiden. Frühlingszwiebeln putzen, waschen und in feine Ringe schneiden. Radieschenblätter, Basilikum, Grapefruitstücke, Frühlingszwiebeln und Cashewkerne zum Salat geben.

3 Für das Dressing den Saft der Limette und des Grapefruitviertels auspressen. Knoblauch schälen und zusammen mit Limettensaft, Grapefruitsaft, Olivenöl, Sojasauce, eingeweichten Datteln und 1 EL Dattel-Einweichwasser in einem hohen Rührbecher mit dem Pürierstab fein mixen. Marinade über den Salat schütten und gut mit einem Löffel untermischen. Den Salat 10 Min. durchziehen lassen. Dann den Feldsalat unterheben. Salat mit Röstzwiebeln garnieren.

GODFATHER OF KARTOFFELSALAT

Jede Familie hat ihr ganz persönliches Bester-Kartoffelsalat-auf-der-ganzen-Welt-Rezept. Deswegen habe ich es euch aufgeschrieben, damit ihr es immer gleich griffbereit habt. Ihr braucht nie wieder ein anderes.

—

Für 4 Portionen
25 Min. Zubereitung
30 Min. Garen
5 Std. Ruhen

2 kg festkochende Kartoffeln
Salz
1 große Zwiebel
4 Knoblauchzehen
1 EL + 150 ml Olivenöl
2 EL mittelscharfer Senf
1½ EL Tomatenmark
1½ EL dunkles Miso
100 ml Aceto balsamico bianco
400 ml Gemüsebrühe
2 EL Ahornsirup
1 Salatgurke
1 Bund Petersilie
Pfeffer

1 Die Schalen der Kartoffeln rundherum mit einem Messer einschneiden. Kartoffeln in einem Topf mit Salzwasser bedecken, zum Kochen bringen und zugedeckt bei mittlerer Hitze in 25–30 Min. garen.

2 Zwiebel und Knoblauch schälen und fein hacken. 1 EL Olivenöl in einem Topf erhitzen und die Zwiebel darin langsam anschwitzen. Wenn die Zwiebel etwas gebräunt ist, Knoblauch, Senf, Tomatenmark und Miso unterrühren und weiterbraten, bis die Mischung schön angeröstet ist.

3 Essig und die restlichen 150 ml Olivenöl zur Zwiebelmischung geben und unterrühren, bis sich eine Emulsion bildet. Gemüsebrühe und Ahornsirup dazugeben und das Dressing bei kleiner Hitze köcheln lassen, bis die Kartoffeln gar sind.

4 Die Gurke waschen, längs halbieren, in Scheiben schneiden, in eine Schüssel geben und salzen. Kartoffeln abgießen, kalt abschrecken, pellen, in Scheiben schneiden und in einer Schüssel mit der heißen Sauce mischen. Die Kartoffeln zugedeckt 2 Std. ziehen lassen.

5 Die Gurken mit den Händen ausdrücken und mit Küchenpapier trocken tupfen. Gurken unter die Kartoffeln heben und den Salat weitere 2–3 Std. ziehen lassen. Petersilie waschen und trocken schütteln, die Blätter abzupfen, fein hacken und unter den Kartoffelsalat heben. Den Salat nach Geschmack mit Salz und Pfeffer abschmecken.

BROKKOLI-APFEL-SALAT

Die Kombination aus Brokkoli, Kichererbse und Apfel ist genauso abgefahren wie lecker. Und dabei ist dieser Salat so reichhaltig, dass er locker als Hauptmahlzeit durchgeht. Perfekt als Lunch to go fürs Büro.

Für 4 Portionen

40 Min. Zubereitung

4 Datteln
200 g Cashewkerne
150 ml Gemüsebrühe
2 Knoblauchzehen
2 EL helles Miso
2 EL Apfelessig
2 EL Hefeflocken
1 Brokkoli
Salz
1 saurer Apfel (z. B. Granny Smith)
½ Zitrone
1 Bund Petersilie
2 Handvoll Sesam
400 g Kichererbsen (Dose; Abtropfgewicht)

1 Die Datteln in einer Schale mit Wasser übergießen und 30 Min. einweichen. Inzwischen die Cashewkerne und die Gemüsebrühe in einem Topf aufkochen und 20 Min. köcheln lassen. Knoblauch schälen und grob würfeln. Die Cashews samt Brühe in den Standmixer geben. Datteln, Miso, Apfelessig, Knoblauch und Hefeflocken dazugeben und alles zu einem Dressing mixen.

2 Den Brokkoli waschen und den Stiel schälen. Sechs Brokkoliröschen abschneiden und beiseitelegen. Restlichen Brokkoli klein schneiden und in kochendem Salzwasser ca. 5 Min. blanchieren. Dann abgießen und kalt abschrecken.

3 Apfel waschen, vierteln, vom Kerngehäuse befreien und in Streifen schneiden. Den Saft der Zitrone darüberpressen.

4 Petersilie waschen und trocken schütteln, die Blätter abzupfen und fein hacken. Den Sesam in einer Pfanne ohne Fett bei mittlerer Hitze unter Rühren anrösten. Die Kichererbsen in ein Sieb abgießen und abtropfen lassen.

5 Brokkoli, Apfel, Kichererbsen und das Cashew-Dressing in einer großen Schüssel mischen. Salat mit Petersilie und Sesam bestreuen und genießen.

KOREAN STYLE KIMCHI

In Korea verhält es sich mit dem Kimchi so wie bei uns mit dem Kartoffelsalat. Jede Familie hat das beste Kimchi-Rezept. Mit diesem Rezept habe ich versucht, den Spirit eines Kimchi, so gut es mir gelungen sein mag, einzufangen.

—

Für 1 großes Einmachglas (ca. 2 l)

30 Min. Zubereitung
1 Std. Auspressen
22 Tage Fermentieren

1 großer Chinakohl
1 Handvoll Meersalz
1 große Möhre
1 mittelgroßer Rettich
1 Bund Frühlingszwiebeln
1 Handvoll Ingwer (ca. 100 g)
1 Knolle Knoblauch
1 reife Birne
70 ml Fischsauce (20 ml pro kg Gemüse)
50 g Chilipulver

1 Den Strunk des Kohls entfernen und die Blätter waschen. Die noch nassen Kohlblätter jeweils von beiden Seiten gut mit Salz einreiben, dann in eine Schüssel geben, mit den Händen zusammenpressen, einen mit Wasser gefüllten Topf daraufstellen und den Kohl 30 Min. ruhen lassen. Den Kohl noch mal durchkneten, den Topf wieder daraufstellen und den Kohl noch mal 30 Min. ruhen lassen. Dann das Salzwasser abgießen und die Kohlblätter mit klarem Wasser abspülen, dabei das Salz, so gut es geht, abwaschen.

2 Die Kohlblätter mit der Hand kräftig ausdrücken und in Streifen schneiden. Möhre und Rettich putzen, schälen und in feine Streifen schneiden. Die Frühlingszwiebeln putzen, waschen und in kleine Stücke schneiden. Anschließend das Gemüse in eine große Schüssel geben.

3 Ingwer und Knoblauch schälen und zerkleinern. Die Birne waschen, vierteln, vom Kerngehäuse befreien und grob würfeln. Ingwer, Knoblauch, Birne, Fischsauce und Chilipulver in den Standmixer geben und fein pürieren.

4 Das Gemüse mit der Sauce übergießen und einreiben. Die Mischung nach und nach in ein großes sauberes Glas geben und gut zusammenpressen. Es dürfen sich keine Luftbläschen bilden. Das Glas lose (also den Deckel nur auflegen und nicht mit Klammern fixieren) schließen und 8 Tage an einem dunklen Ort stehen lassen, dann 14–20 Tage im Kühlschrank lagern, dazu den Deckel mit den Klammern fixieren. Kimchi in die gewünschte Glasgröße umfüllen. Es ist im Kühlschrank mehrere Monate haltbar.

BAYRISCH STYLE KIMCHI

Bei uns in Bayern gibt es Blaukraut bis zum Horizont. Da liegt es auf der Hand, dass ich euch auch ein Blaukraut-Kimchi zeige. Aber ihr könnt natürlich auch Rotkohl nehmen, wenn ihr den lieber mögt.

—

Für 1 großes Glas (ca. 2 l)
45 Min. Zubereitung
8 Tage Fermentieren

1 Rotkohl
150 g + 2 EL Meersalz
2 Rote Beten
1 Brokkoli
1 Bund Frühlingszwiebeln
1 süßer Apfel
4 Knoblauchzehen
1 Stück Ingwer (ca. 5 cm lang)
2 EL Reismehl
1 EL Harissa
1 TL gemahlene Kurkuma
2 EL Fischsauce
3 EL Sojasauce
2 EL Aceto balsamico bianco

1 Den Kohl waschen, halbieren und den Strunk entfernen. Die Kohlblätter in möglichst feine Streifen schneiden. Den Kohl mit 150 g Meersalz und 2 l fast kochendem Wasser bedecken und 30 Min. ziehen lassen. Dann das Salzwasser durch ein Sieb abgießen und die Salzreste mit klarem Wasser gut von den Kohlstreifen abspülen.

2 Die Roten Beten putzen, schälen und in Stäbchen schneiden. Den Brokkoli waschen, putzen und in Röschen teilen. Die Frühlingszwiebeln putzen, waschen und in Ringe schneiden. Den Apfel waschen, vierteln, vom Kerngehäuse befreien und in grobe Stücke schneiden. Knoblauch und Ingwer schälen und würfeln.

3 Reismehl und 300 ml Wasser in einem Topf aufkochen und 5 Min. köcheln lassen. Knoblauch, Ingwer, Harissapaste, Kurkuma, die restlichen 2 EL Meersalz, Fisch- und Sojasauce, Essig, Apfel und die Reismehlflüssigkeit in den Standmixer geben und zu einer Sauce pürieren.

4 Rotkohl, Brokkoliröschen, Rote-Bete-Stäbchen und Frühlingszwiebelringe in eine Schüssel geben, mit der Sauce übergießen und gründlich damit einreiben.

5 Die Mischung dann nach und nach in ein sauberes Glas geben und andrücken. Darauf achten, dass keine Luftblasen entstehen. Das Gemüse 5–8 Tage in einem Schrank bei Zimmertemperatur stehen lassen und alle 2 Tage den Deckel öffnen. Danach das Kimchi im Kühlschrank lagern.

FANCY AUBERGINEN

Das tolle an der Aubergine ist, dass sie nicht nur wenig Kalorien hat, sondern als Beere auch noch jede Menge sekundäre Pflanzenstoffe enthält. Wenn ihr da jetzt auch noch Geschmack reinbringt, dann wird's fancy.

—

Für 4 Portionen

15 Min. Zubereitung
20 Min. Backen
30 Min. Einweichen

3 Datteln
1 EL helles Miso
1 EL geröstetes Sesamöl
50 ml Aceto balsamico
1 EL Sojasauce
1 EL heller Sesam
1 TL Limettensaft
2 Auberginen
1 Bund Frühlingszwiebeln
1 Bund Koriandergrün

1 Die Datteln in einer Schale mit Wasser übergießen und ca. 30 Min. einweichen. Miso, Sesamöl, Essig, Sojasauce, Sesam, Datteln, Limettensaft und 1 EL Dattel-Einweichwasser im Standmixer fein pürieren.

2 Den Backofen auf 180° Umluft vorheizen. Auberginen waschen, putzen, in etwa 1 cm dicke Scheiben schneiden, auf einem mit Backpapier belegten Backblech verteilen und im heißen Ofen (Mitte) 10 Min. backen. Dann wenden und 5 Min. weiterbacken. Die Auberginenscheiben mit der Dattel-Miso-Sauce einpinseln, sodass sie komplett bedeckt sind. 2 EL Sauce übrig lassen und die Auberginen noch mal 5 Min. in den Ofen schieben. Die Sauce darf nicht verbrennen, sondern nur Röstaromen sammeln.

3 Während die Auberginenscheiben im Ofen garen, die Frühlingszwiebeln putzen, waschen und in feine Ringe schneiden. Koriandergrün waschen und trocken schütteln, die Blätter abzupfen und hacken.

4 Auberginenscheiben auf einer großen Platte anrichten, mit Frühlingszwiebeln und Koriander bestreuen und mit den restlichen 2 EL Sauce beträufeln.

ZUCCHINIRÖLLCHEN

Die zarten Zucchinistreifen enthalten eine sehr sättigende Füllung aus Linsen und Cashewkernen. Darum sind sie perfekt für Tage, an denen man mal nur Beilage essen möchte.

—

Für 4 Portionen
30 Min. Zubereitung
15 Min. Backen

- 3 kleine Zucchini
- Salz
- 150 g gelbe Linsen
- 150 g Cashewkerne
- 1 Zitrone
- 1 TL Umami-Pulver (s. S. 43; ersatzweise 1 getrockneter Shiitake)
- 6 EL Hefeflocken
- 1 Zwiebel
- 3 Knoblauchzehen
- 100 g Babyspinat
- 2 Handvoll Thai-Basilikumblätter
- 1 EL Olivenöl
- 1 TL geräuchertes Paprikapulver

1 Den Backofen auf 200° Umluft vorheizen und ein Backblech mit Backpapier belegen. Zucchini putzen, waschen und längs in 5–10 mm dünne Scheiben schneiden, leicht salzen und auf dem Backblech verteilen. Zucchini im heißen Ofen (Mitte) 15 Min. backen. Die Zucchini sollen keine Röstaromen bekommen, sondern nur sehr weich werden.

2 Die Linsen in einem Sieb kalt abspülen, dann zusammen mit den Cashews in einen Topf geben, mit Wasser bedecken, zum Kochen bringen und ca. 12 Min. zugedeckt bei kleiner bis mittlerer Hitze köcheln. Linsen und Nüsse in ein Sieb abgießen, mit klarem Wasser abspülen und abtropfen lassen.

3 Den Saft der Zitrone auspressen. Umami-Pulver, Hefeflocken, Zitronensaft, 1 TL Salz, 150 ml Wasser und die Linsen-Cashew-Mischung im Standmixer cremig pürieren.

4 Zwiebel und Knoblauch schälen. Zwiebel hacken. Spinat und Thai-Basilikumblätter verlesen, waschen und in einem Sieb gut abtropfen lassen.

5 Das Olivenöl in einer Pfanne erhitzen und die Zwiebel darin goldbraun braten, Knoblauch dazureiben und kurz mitbraten. Die Cashew-Linsen-Creme dazugeben und 2–3 Min. mitbraten. Spinat und Thai-Basilikum unterheben und die Füllung mit geräuchertem Paprikapulver abschmecken. Je 2 TL Creme auf ein Ende jedes Zucchinistreifens geben und die Zucchinistreifen einrollen.

HIPSTER-KÖFTE

Wenn ihr auf eine Party Fingerfood mitbringen sollt, dann entscheidet euch für die Köfte. Aber lernt vorher das Rezept auswendig. Ihr werdet den ganzen Abend damit beschäftigt sein, es an die Gäste weiterzugeben.

—

Für 4 Portionen

30 Min. Zubereitung

3 Zwiebeln
4 Knoblauchzehen
300 g Köftelik Ince Bulgur (feiner Bulgur)
1 TL Zimtpulver
6 EL Tomatenmark
Salz
Pfeffer
1 Msp. Chilipulver
400 ml passierte Tomaten
1 Bund Petersilie
100 ml Olivenöl

1 Zwiebeln und Knoblauch schälen und so fein wie möglich schneiden. Also richtig, richtig fein und klein.

2 Bulgur, Zwiebeln, Knoblauch, Zimt, Tomatenmark, 1 TL Salz, Pfeffer, Chili und passierte Tomaten in eine Schüssel geben und 5 Min. mit den Händen durchkneten.

3 Die Petersilie waschen und trocken schütteln, die Blätter abzupfen, fein hacken und unter die Bulgurmischung heben.

4 Nach und nach 200 ml Wasser und das Olivenöl dazuschütten und weiterkneten, bis der Teig richtig geschmeidig ist und nicht mehr auseinanderfällt.

5 Aus der Masse mit angefeuchteten Händen kleine Kügelchen rollen und diese bis zum Servieren kalt stellen.

WÜRZVARIANTE

Statt Zimt könnt ihr auch Kreuzkümmel mit in die Köftemasse kneten und einen Teil der Petersilie durch frische Minze ersetzen. Auch superlecker!

SÜSSKARTOFFEL MIT BUMS

Die Schale der Süßkartoffel kann man bedenkenlos mitessen. Damit tankt ihr eine Extraportion Caiapo, ein Stoff, der sich positiv auf euren Blutzuckerspiegel auswirkt.

—

Für 4 Portionen
35 Min. Zubereitung
20 Min. Backen

1 große Süßkartoffel (ca. 500 g)
2 EL Olivenöl
100 g Mais (Dose)
1 Bund Koriandergrün
2 Knoblauchzehen
1 Bund Frühlingszwiebeln
70 g Kimchi (s. S. 62 oder gekauftes Kimchi)
1 EL vegane Mayonnaise
1 EL dunkles Miso
1 EL Kichererbsenmehl
Salz

1 Den Backofen auf 180° Umluft vorheizen. Die Süßkartoffel waschen, abtrocknen und in mundgerechte Stücke schneiden. Die Kartoffelstücke auf einem Backblech verteilen, mit 1 EL Olivenöl beträufeln und im heißen Ofen (Mitte) ca. 20 Min. backen.

2 Inzwischen den Mais in einem Sieb abtropfen lassen. Koriandergrün waschen und trocken schütteln, die Blätter abzupfen und fein hacken. Knoblauch schälen und fein reiben. Frühlingszwiebeln putzen, waschen und klein würfeln.

3 Kimchi, Mayonnaise und Miso in einer Schale mischen. Süßkartoffeln in eine Schüssel geben. Mais, Frühlingszwiebeln, Kichererbsenmehl, Knoblauch und Koriander dazugeben und die Zutaten mit dem Pürierstab fein mixen. Die Masse mit 1 kleinen Prise Salz abschmecken. Aus dem Teig mit angefeuchteten Händen kleine Bratlinge formen.

4 Den restlichen EL Olivenöl in einer beschichteten Pfanne erhitzen und die Bratlinge darin auf jeder Seite knusprig anbraten. Der Kern bleibt cremig weich und außen bildet sich eine schöne Kruste. Die Bratlinge zusammen mit der Kimchi-Sauce auf vier Tellern anrichten.

FRÜHSTÜCK

»FÜR DIE EINEN IST ES DIE WICHTIGSTE MAHLZEIT DES TAGES UND DIE ANDEREN KANN MAN DAMIT UM DEN BLOCK JAGEN. DIE ANDEREN BLÄTTERN JETZT WEITER UND DIE EINEN BEKOMMEN HIER MEINE LIEBLINGSAUSWAHL AN FRÜHSTÜCKS-MÖGLICHKEITEN.«

SÜSSES AUFS BROT

Ich geb's zu: Eigentlich bin ich eher der Typ fürs Herzhafte. Aber manche von euch frühstücken vielleicht lieber süß und darum hab ich für euch hier drei flotte Sweeties aufs Vollkornbrot.

AVOCADO-KIMCHI-AUFSTRICH

1 Mango schälen und das Fruchtfleisch mit einem Sparschäler in dünnen Streifen vom Kern schneiden. **2 Avocados** halbieren, entkernen, das Fruchtfleisch mit einem Löffel aus den Schalen heben, in eine Schüssel geben und cremig zerdrücken. Avocados, Mango und **2–3 EL Kimchi** mischen.

SCHOKO-BANANEN-CREME

1 Banane schälen und in einer Schüssel mit einer Gabel zerdrücken. **1–2 EL Erdnussmus**, **3 EL Kakaopulver**, **150 ml Haferdrink** und **2 TL Dattelcreme** (s. S. 77) dazugeben, untermischen und alle Zutaten cremig rühren.

FOODWISSEN

Kakao und Erdnuss sind gute Eiweißlieferanten und deswegen ist dieser Aufstrich ein unerwartet guter Sattmacher mit wichtigen Mikronährstoffen wie Eisen, Magnesium und Kalium.

DATTELCREME

5 Datteln in Stücke schneiden und zusammen mit **50 ml Wasser** in den Standmixer geben. Die Dattel-Wasser-Mischung auf höchster Stufe sehr fein pürieren.

DAS IST ZWAR KEIN BROTAUFSTRICH, ABER EIN BASIS-SÜSSUNGSMITTEL. DAS BESTE DER WELT. WAS DIE MENGE BETRIFFT, SEID IHR HIER WIRKLICH FREI. ICH BEVORZUGE ES, DIE DATTELCREME IMMER FRISCH ZUZUBEREITEN, DESWEGEN MACHE ICH NIE SO VIEL. WER NICHT SELBST MIXEN MÖCHTE, KANN DATTELCREME AUCH IM BIOLADEN KAUFEN.

CASHEW-KRÄUTER-AUFSTRICH

Streichkäse ist jetzt nicht der gesündeste Aufstrich. Diesen Aufstrich kann man bedenkenlos jeden Tag essen. Und geschmacklich kommt er einem Aufstrich aus Milchprodukten schon sehr nahe. Wenn er ihn nicht sogar links überholt.

Für 4 Portionen

20 Min. Zubereitung

30 Min. Kühlen

1 Bund Koriandergrün
3 Frühlingszwiebeln
½ Zitrone
100 g Cashewkerne
100 ml Haferdrink
2 TL helles Miso
100 g Seidentofu
2 EL Hefeflocken
2 EL Olivenöl
1 TL Dijonsenf

1 Koriander waschen und trocken schütteln, die Blätter abzupfen und fein hacken. Die Frühlingszwiebeln putzen, waschen und klein schneiden. Beides in eine Schüssel geben und den Saft der Zitrone darüber auspressen.

2 Cashewkerne und Haferdrink in einen Topf geben, aufkochen und 10 Min. bei kleiner Hitze köcheln lassen, bis nur noch ein Drittel des Haferdrinks übrig ist. Auskühlen lassen und das Miso unterrühren.

3 Cashewmischung, Seidentofu, Hefeflocken, Olivenöl und Senf in den Standmixer geben und fein pürieren. Die Creme zur Koriander-Zwiebel-Mischung geben, umrühren und den Aufstrich im Kühlschrank 30 Min. kalt stellen.

MÖHREN-HUMMUS

»Hummus« heißt zwar Kichererbse, was mich aber nicht daran hindert, Karotten mit zu verwurschteln. Und wäre es eine Gurke gewesen, hätten wir einen Gurken-Hummus gehabt. Lieber nicht.

Für 4 Portionen
20 Min. Zubereitung

- 2 große Möhren
- 150 g Shiitake (ersatzweise andere Pilze)
- 3 EL Olivenöl
- Salz
- 100 g heller Sesam
- 4 Knoblauchzehen
- 100 g Kichererbsen (Dose; Abtropfgewicht)
- 1 kleine Zitrone
- 1 TL geräuchertes Paprikapulver
- 1 TL dunkles Miso

1 Den Backofen auf 180° Umluft vorheizen. Die Möhren putzen, schälen, quer halbieren und dann längs vierteln. Die Möhrenstifte zusammen mit den Shiitake auf einem Backblech verteilen und mit 1 EL Olivenöl und 1 kleinen Prise Salz mischen. Das Gemüse im heißen Ofen (Mitte) ca. 30 Min. backen, bis die Möhren beginnen zu bräunen. Gemüse aus dem Ofen holen und abkühlen lassen.

2 Inzwischen den Sesam in einer Pfanne ohne Fett bei mittlerer Hitze anrösten, dann auf einen Teller schütten. Knoblauch schälen. Kichererbsen in ein Sieb abgießen und abtropfen lassen. Den Saft der Zitrone auspressen.

3 Das abgekühlte Gemüse, Knoblauch, Kichererbsen, restliche 2 EL Olivenöl, Zitronensaft, Paprikapulver, Miso, Sesam und 150 ml Wasser in den Standmixer geben und cremig pürieren. Wenn der Aufstrich zu trocken ist, noch etwas mehr Wasser (max. 50 ml) untermischen.

FOODWISSEN

Zitronensaft und Miso helfen uns hier, die Bioverfügbarkeit des Eisens aus Sesam und Kichererbsen zu steigern.

LINSEN-AUFSTRICH

Rote Linsen sind ratzfatz gekocht und genauso schnell ist der Aufstrich fertig. Außerdem kann man rote Linsen mit allem kombinieren, fast allem. Einfach mal ein bisschen herumexperimentieren.

Für 4 Portionen
20 Min. Zubereitung

100 g rote Linsen
1 rote oder gelbe Paprika
2 Zwiebeln
4 Knoblauchzehen
1 Frühlingszwiebel
1 EL Olivenöl
1 Handvoll getrocknete Tomaten
1 TL dunkles Miso
1 EL Tomatenmark
1 TL Currypulver
1 EL Aceto balsamico
1 TL Dattelcreme (s. S. 77; nach Belieben)
2 Handvoll Bärlauch

1 Linsen und 100 ml Wasser in einen Topf geben, aufkochen und zugedeckt bei kleiner Hitze 10 Min. köcheln lassen.

2 Inzwischen die Paprika waschen, längs halbieren, von Kernen und weißen Trennwänden befreien und in kleine Würfel schneiden. Die Zwiebeln schälen und klein würfeln. Knoblauch schälen und hacken. Frühlingszwiebel putzen, waschen und in feine Ringe schneiden.

3 Das Olivenöl in einer Pfanne erhitzen und Paprika und Zwiebeln darin scharf anbraten. Sobald das Gemüse gut gebräunt ist, Knoblauch, getrocknete Tomaten, Miso, Tomatenmark, Currypulver, Essig und 100 ml Wasser dazugeben. Die Mischung 2–3 Min. weiterköcheln, bis der Großteil der Flüssigkeit verdampft ist. Die Paprikapfanne nach Belieben mit der Dattelcreme abschmecken und auskühlen lassen.

4 Bärlauch waschen, trocken schütteln und in grobe Stücke schneiden. Bärlauch, Linsen und die Paprika-Zwiebel-Pfanne im Standmixer fein pürieren. Aufstrich in eine Schüssel füllen und mit Frühlingszwiebelringen garnieren.

EDAMAME-BROKKOLI-AUFSTRICH

Edamame sind junge Sojabohnen und geschmacklich so neutral, dass sie dem Brokkoli nicht die Show stehlen. Sie bringen aber eine schöne Cremigkeit in den Brotaufstrich.

—

Für 4 Portionen
20 Min. Zubereitung

1 Zwiebel
4 Knoblauchzehen
1 Handvoll Rucola
½ Bio-Zitrone
1½ TL dunkles Miso
2 TL Mirin
3 EL Olivenöl
1 TL gelbe Currypaste (ersatzweise Currypulver)
200 g TK-Edamame (ersatzweise TK-Erbsen)
100 g TK-Brokkoli

1 Zwiebel und Knoblauch schälen und fein hacken. Rucola waschen, trocken schütteln, von groben Stielen befreien und grob hacken. Die Zitrone heiß waschen, abtrocknen, die Schale fein abreiben und den Saft auspressen.

2 Zitronensaft und -schale, Miso, Mirin und 2 EL Olivenöl in einer Schale glatt verrühren und beiseitestellen.

3 Den restlichen EL Olivenöl in einer Pfanne erhitzen und die Zwiebel darin hellbraun anbraten. Knoblauch dazugeben und ebenfalls kurz anschwitzen. Dann die Currypaste unterrühren und 2 Min. mitbraten.

4 Das TK-Gemüse dazugeben und so lange anbraten, bis das austretende Wasser vollständig verdampft ist. 2 EL Wasser wieder dazugeben und das Gemüse zugedeckt bei mittlerer Hitze ca. 10 Min. dünsten. Auskühlen lassen.

5 Gemüse, Rucola und Marinade in den Standmixer geben, fein pürieren und den Aufstrich servieren. Übrigen Aufstrich in ein Schraubglas füllen und im Kühlschrank aufbewahren. So ist er ca. 3 Tage haltbar.

ROTE-BETE-AUFSTRICH

Dieser Aufstrich sieht nicht nur supersmart aus, die Röstaromen verleihen der Bete auch einen ganz eigenen Touch. So schmeckt Rote Bete auch Menschen, die eher ein skeptisches Verhältnis zur rotvioletten Knolle hegen.

—

Für 4 Portionen
20 Min. Zubereitung
30 Min. Backen

1 Rote Bete
1 TL + 1 EL Olivenöl
Salz
50 g heller Sesam
50 g Cashewkerne
½ Zitrone
1 TL Dattelcreme (s. S. 77)
1 TL helles Miso
¼ TL Zimtpulver

1 Den Backofen auf 180° Umluft vorheizen. Die Rote Bete putzen, schälen und in Würfel schneiden, auf einem Backblech mit 1 TL Olivenöl und 1 Prise Salz mischen und im heißen Ofen (Mitte) ca. 30 Min. backen. Nach 15 Min. Backzeit die Beten einmal durchmischen.

2 Sesam und Cashewkerne in einem Topf ohne Öl bei mittlerer Hitze anrösten. Den Saft der Zitrone auspressen.

3 Rote Bete, Sesam, Cashews, den restlichen EL Olivenöl, Dattelcreme, Zitronensaft, Miso und Zimt in den Standmixer geben und fein pürieren.

FOODWISSEN

Der Rote-Bete-Aufstrich hilft mit, euch schon beim Frühstück gut mit Eisen zu versorgen.

SATTMACHER-FRÜHSTÜCK

Dieses Frühstück lässt sich sehr schön schon am Vortag zubereiten und dann als Meal Prep in die Arbeit mitnehmen. Salat und Eier gehen dann ratzfatz und man bekommt ein Frühstück oder Mittagessen, das ewig und drei Tage satt macht.

—

Für 2 Portionen

30 Min. Zubereitung

6 kleine Kartoffeln
Salz
6 grüne Mini-Bratpaprika
2 Zwiebeln
1 Bund Frühlingszwiebeln
1 Pak Choi
200 g Shiitake
4 Knoblauchzehen
1 Zitrone
1 Limette
2 TL süßes Paprikapulver
1 TL Chipotle-Chili
1 TL gemahlener Kreuzkümmel
2 TL Koriandersamen
½ TL Pfeffer
1 TL Bockshornklee
1 EL helles Miso
1½ EL Olivenöl
500 ml passierte Tomaten
400 g Bohnen (Dose; Abtropfgewicht)
1 Avocado
20 Kirschtomaten
½ Bund Koriandergrün
2 gekochte Eier (ersatzweise 200 g Tofu)

1 Kartoffeln schälen, vierteln und 5 Min. in kochendem Salzwasser garen, dann abgießen und auskühlen lassen. Inzwischen Paprika waschen, längs halbieren, von Kernen und weißen Trennwänden befreien. Zwiebeln schälen und klein würfeln. Frühlingszwiebeln putzen, waschen und in Ringe schneiden. Pak Choi waschen, den weißen Teil in dünne Streifen schneiden und die grünen Blätter beiseitelegen. Shiitake vierteln. Knoblauch schälen und grob reiben. Den Saft der Zitrone und der Limette auspressen. 1 TL Zitronensaft fürs Topping beiseitestellen. Trockene Gewürze in einem Mörser fein zerstoßen. Miso und 100 ml Wasser verrühren.

2 1 EL Olivenöl in einer Pfanne erhitzen und Zwiebeln, Kartoffeln und Paprikahälften darin braun anbraten. Knoblauch, Shiitake und weiße Pak-Choi-Streifen untermischen und 2 Min. mitbraten. Gewürzmischung dazugeben, 1 Min. mitbraten, Zitronen- und Limettensaft und passierte Tomaten dazugeben und alles weitere 5 Min. köcheln lassen. Bohnen und grüne Pak-Choi-Teile dazugeben. Herdplatte ausschalten, Miso-Sauce unter das Gemüse rühren.

3 Avocado halbieren, entkernen, das Fruchtfleisch mit einem Löffel aus der Schale heben und in Scheiben schneiden. Tomaten waschen und halbieren. Avocado, Tomaten, Frühlingszwiebeln, restlichen ½ EL Olivenöl, Salz und den restlichen TL Zitronensaft in einer Schale mischen. Koriander waschen und trocken schütteln, die Blätter abzupfen und hacken. Eier pellen und halbieren. Bohnenpfanne auf zwei Schüsseln verteilen, Eier, Tomaten-Avocado-Salat und Koriander darauf anrichten.

HAMMERGEILES RÜHREI OHNE RÜHREI

Eier gehen bei mir immer. Vor allem Rühreier. Aber da das weder den Hennen noch der Umwelt zugutekommt, versuche ich, meine Gelüste nach hammergeilem Rührei, mit hammergeilem Rührei ohne Rührei zu befriedigen.

Für 4 Portionen
15 Min. Zubereitung

1 Handvoll getrocknete Tomaten
350 g weiße Bohnen (Dose; Abtropfgewicht)
2 getrocknete Shiitake
2 EL Hefeflocken
1½ TL geräuchertes Paprikapulver
1 TL gemahlene Kurkuma
2 TL Apfelessig
1 Zwiebel
1 Bund Frühlingszwiebeln
1 EL Olivenöl
400 g Tofu
Pfeffer
1 TL Kala Namak

1 Die getrockneten Tomaten in einer Schale mit 100 ml heißem Wasser übergießen und ziehen lassen.

2 Die Bohnen samt Kochflüssigkeit in eine Schüssel geben. Shiitake mit einer feinen Reibe dazureiben. Hefeflocken, Paprikapulver, ½ TL Kurkuma, Apfelessig und die eingeweichten getrockneten Tomaten samt Flüssigkeit dazugeben. Alles mit einer Gabel zerdrücken.

3 Die Zwiebel schälen und hacken. Die Frühlingszwiebeln putzen, waschen und in feine Ringe schneiden.

4 Das Olivenöl in einer Pfanne erhitzen und die Zwiebel darin anbraten. Wenn die Zwiebel hellbraun ist, den Tofu mit den Fingern dazubröseln. Tofu und Zwiebel so lange braten, bis auch der Tofu eine hellbraune Farbe bekommt. Die Tofu-Zwiebel-Mischung mit Pfeffer und dem restlichen ½ TL Kurkuma würzen, mit der Bohnensauce ablöschen und so lange köcheln lassen, bis eine cremige Konsistenz entsteht.

5 Kala Namak und die Frühlingszwiebeln unterrühren und das vegane Rührei in einer Schüssel servieren. Dazu schmecken getoastete Roggenvollkornbrotscheiben und fruchtige Kirschtomaten.

ENGLISCHES FRÜHSTÜCK

Englisches Frühstück und gesund – puuh! Hier zeige ich euch ein von der Inselküche inspiriertes Frühstück in vegan, das euch mindestens so satt macht wie das Original mit Speck, Würstchen und Eiern.

—

Für 4 Portionen

1 Std. Zubereitung

1 Std. Garen

8 Std. Kühlen

Pilz-Dashi:

1 Handvoll getrocknete Shiitake

Vegane Bratwürste:

50 g Quinoa
100 g weiße Bohnen (Dose; Abtropfgewicht)
4 Knoblauchzehen
100 g Haferflocken
50 g Kichererbsenmehl
4 TL Tomatenmark
4 TL getrockneter Majoran
1 TL Bockshornklee (nach Belieben)
½ TL gemahlener Kreuzkümmel
2 EL Olivenöl
1 EL helles Miso
1 EL dunkles Miso
½ TL Flüssigrauch

PILZ DASHI:

Am Vortag Shiitake und 500 ml Wasser in einem Topf aufkochen und die Flüssigkeit um die Hälfte reduzieren. Shiitake aus der Flüssigkeit nehmen und den Sud beiseitestellen.

VEGANE BRATWÜRSTE:

Am Vortag die Quinoa nach Packungsanweisung garen. Bohnen und 160 ml Pilz-Dashi im Standmixer fein pürieren. Knoblauch schälen und fein reiben. Die Haferflocken im Blitzhacker fein mahlen, zusammen mit Kichererbsenmehl, Tomatenmark, Quinoa, Majoran, nach Belieben Bockshornklee, Kreuzkümmel, 1 EL Olivenöl, Miso, Flüssigrauch, 1 Shiitake vom Dashi, Bohnenpüree und Knoblauch in eine Schüssel geben und gründlich vermengen. Die Masse 20 Min. im Kühlschrank ruhen lassen, dann zu kleinen Würsten rollen und jede Wurst einzeln in Backpapier einrollen.

In einen Topf 2 cm hoch Wasser füllen. Die Würste im Papier auf einen passenden Dämpfeinsatz legen, in den Topf stellen und das Wasser zum Kochen bringen. Würste 30 Min. im Wasserdampf garen. Die Würstchen über Nacht auskühlen lassen, am besten im Kühlschrank. Kurz bevor alles serviert wird, die Würstchen in einer beschichteten Pfanne im restlichen EL Olivenöl von allen Seiten anbraten.

BITTE UMBLÄTTERN →

Baked Beans:

1½ TL dunkles Miso
1½ TL gelbe Currypaste
1½ TL Tomatenmark
1 TL Zuckerrübensirup
2 EL Aceto balsamico bianco
1 Zwiebel
2 Knoblauchzehen
1 EL Olivenöl
400 g weiße Bohnen (Dose; Abtropfgewicht)
750 ml passierte Tomaten

BAKED BEANS:

Miso, Currypaste, Tomatenmark, Zuckerrübensirup und Essig in einer Schüssel verrühren. Zwiebel und Knoblauch schälen, Zwiebel würfeln, Knoblauch reiben. Das Olivenöl in einem Topf erhitzen und die Zwiebel darin goldbraun anbraten. Knoblauch dazugeben und kurz mitbraten. Bohnen unterrühren, 1–2 Min. mitbraten, dann mit der Currysauce ablöschen und weitere 2 Min. braten. Passierte Tomaten dazugeben, einmal aufkochen und beiseitestellen.

Gegrilltes Gemüse:

500 g Champignons
500 g Kirschtomaten
1 EL Olivenöl
Salz
2 Knoblauchzehen
½ TL getrockneter Thymian

GEGRILLTES GEMÜSE:

Den Backofen auf 220° vorheizen. Champignons putzen, bei Bedarf mit einem trockenen Tuch säubern und vierteln. Tomaten waschen. Pilze und Tomaten auf einem Backblech verteilen, mit dem Olivenöl benetzen und leicht salzen. Das Gemüse im heißen Ofen (Mitte) 15 Min. backen. Knoblauch schälen und in eine Schüssel reiben. Das Gemüse samt Flüssigkeit und den Thymian dazugeben, alles mischen und bis zum Servieren durchziehen lassen.

SCRAMBLED TOFU:

In einer Schüssel Haferdrink, Basilikum, Thymian, Kurkuma, Paprikapulver und den Seidentofu vermengen. Zwiebel schälen und würfeln. Das Olivenöl in einer Pfanne erhitzen und die Zwiebel darin goldbraun braten. Den festen Tofu dazubröseln. Wenn auch der gebräunt ist, den Seidentofu dazugeben und mitbraten, bis die Flüssigkeit verdampft ist. Den Tofu mit Salz und Kala Namak abschmecken.

Würstchen, Baked Beans, Gemüse und Tofu auf Tellern anrichten und in aller Ruhe genießen.

Scrambled Tofu:
2 EL Haferdrink
1 TL getrocknetes Basilikum
1 TL getrockneter Thymian
1 TL gemahlene Kurkuma
1 TL geräuchertes Paprikapulver
400 g Seidentofu
1 Zwiebel
1 EL Olivenöl
200 g Tofu
Salz
1 TL Kala Namak

ENTSCHEIDET SELBST, OB IHR DIE BOHNEN FÜR DAS GERICHT SELBST GAREN WOLLT ODER OB IHR GEGARTE BOHNEN AUS DER DOSE NEHMT. WICHTIG IST NUR, DASS DAS ANGEGEBENE GEWICHT IN DER ZUTATENLISTE DAS REINE BOHNENGEWICHT OHNE KOCHFLÜSSIGKEIT IST.

GUTEN-MORGEN-KÜRBIS

Durch das komplette Aminosäure-Profil der Quinoa zusammen mit dem Kürbis als sehr gutem Betacarotin-Lieferanten bekommt ihr gleich in der Früh die volle Packung Energie sowie Mikro- und Makronährstoffe ab. Herz, was willst du mehr?

—

Für 4 Portionen

30 Min. Zubereitung

400 g Hokkaido-Kürbis
400 g Quinoa
1 l Gemüsebrühe
1 Bio-Apfel
½ Zitrone
2 EL Kürbiskerne
1 EL heller Sesam
3 EL Mandelmus
200 g weiße Bohnen (Dose; Abtropfgewicht)
3 EL helles Miso
Salz
Pfeffer

1 Den Kürbis waschen, entkernen und würfeln. Quinoa in einem Sieb waschen und zusammen mit dem Kürbis und der Gemüsebrühe in einen Topf geben. Den Topfinhalt aufkochen und zugedeckt bei mittlerer Hitze köcheln, bis die Quinoa die Flüssigkeit aufgenommen hat.

2 In der Zwischenzeit den Apfel waschen, vierteln, vom Kerngehäuse befreien und in kleine Stücke schneiden. Den Saft der Zitrone auspressen. In einer Schale die Apfelstücke mit ½ EL Zitronensaft mischen.

3 In einer Pfanne ohne Fett die Kürbiskerne und den Sesam bei mittlerer Hitze rösten, dann zum Apfel geben.

4 Mandelmus, Bohnen, Miso und 1 EL Zitronensaft unter die Quinoa-Kürbis-Mischung rühren. Den Guten-Morgen-Kürbis mit Salz und Pfeffer abschmecken, auf Schüsseln verteilen und mit der Apfel-Kern-Mischung toppen.

BUCHWEIZEN-PANCAKES

Ein klassisches amerikanisches Frühstück mal so gar nicht klassisch amerikanisch. Das Buchweizenmehl bringt hier überraschend viel Eigengeschmack mit, vor allem, wenn ihr es vorher noch anröstet.

—

Für 4 Portionen
30 Min. Zubereitung
30 Min. Auftauen

150 g TK-Früchte (z. B. Waldfrucht-Mix)
2 Bananen
2 TL Erdnussmus
½ TL Zimtpulver
300 ml Haferdrink
120 g Buchweizenmehl
50 g Mandelmehl
1½ TL Backpulver
¼ TL Salz
1 EL Olivenöl
8 EL Dattelcreme (s. S. 77)

1 TK-Früchte zum Auftauen in eine Schüssel geben. Bananen schälen, in Stücke schneiden und in einer Schüssel mit einer Gabel zermusen. Erdnussmus, Zimt und Haferdrink dazugeben und alles mit dem Pürierstab durchmixen.

2 In einer zweiten Schüssel Buchweizenmehl, Mandelmehl, Backpulver und Salz mischen. Die Bananenmischung dazugießen und zu einem klümpchenfreien Teig verrühren.

3 Das Olivenöl in einer beschichteten Pfanne erhitzen. Pro Pancake ca. 2 EL Teig in die Pfanne setzen und etwas verstreichen. Pro Durchgang passen maximal zwei Pancakes in die Pfanne. Um das Wenden zu vereinfachen, empfiehlt es sich aber, nur einen Pancake pro Durchgang zu backen.

4 Wenn die Unterseite der Pancakes goldbraun ist, diese wenden und auf der anderen Seite ebenfalls goldbraun ausbacken. Fertige Pancakes bei 80° im Backofen bis zum Servieren warm halten. Auf die gleiche Art so viele Pancakes backen, bis der Teig aufgebraucht ist.

5 Pancakes mit noch leicht gefrorenen Früchten und Dattelcreme auf Tellern anrichten. 2 EL TK-Früchte und 1–2 EL Dattelcreme pro Pancake kommen ganz gut.

SCHOKOPUDDING

Der wahrscheinlich gesündeste Schokopudding, den ihr jemals gegessen habt. Sehr puddig, sehr schokoladig und unglaublich lange sättigend. Es ist immer wieder verblüffend, was Chia-Samen für eine Konsistenz bekommen.

—

Für 2 Portionen
10 Min. Zubereitung
8 Std. Kühlen

2 Bananen
1½ EL Kakaopulver
4 EL veganes Proteinpulver mit Schokogeschmack
300 ml Haferdrink
4 EL Chia-Samen
5 EL Haferflocken
2 EL Hanfsamen
1 Handvoll Kakao-Nibs

1 1 Banane schälen, in Stücke schneiden und zusammen mit Kakaopulver, Proteinpulver und Haferdrink im Standmixer zu einer glatten Masse pürieren.

2 In einer Schüssel Chia-Samen, Haferflocken und die Bananen-Schokoladen-Milch vermengen und über Nacht in den Kühlschrank stellen.

3 Am nächsten Morgen die restliche Banane schälen und in Scheiben schneiden. Den Pudding mit Bananenscheiben, Hanfsamen und Kakao-Nibs garnieren und genießen.

GREEN-POWER-FRÜHSTÜCK

Tatatata – ich präsentiere euch hier das wohl mit Abstand gesündeste Rezept in diesem Buch. Und das will was heißen. Ach ja, schmecken tut's übrigens auch noch. Richtig gutes Zeug.

—

Für 2 Portionen
20 Min. Zubereitung

100 g Grünkohl
1 Handvoll Mandelstifte
2 EL Leinsamen
2 EL Haferflocken
300 ml Haferdrink
1 Avocado
1 Limette
1 Apfel
1 Kiwi
50 g Sojaflocken
2 Handvoll TK-Beeren-Mix
2 Handvoll Kokosraspel
2 EL Dattelcreme (s. S. 77; nach Belieben)

1 Wenn ihr den Grünkohl schon am Vorabend wascht, von Stielen befreit und die Blätter klein zupft, dann spart ihr euch am nächsten Morgen eine Menge Zeit.

2 Am nächsten Morgen in einer Schüssel Mandelstifte, Leinsamen und Haferflocken mit dem Haferdrink übergießen und beiseitestellen.

3 Avocado halbieren, entkernen und das Fruchtfleisch mit einem Löffel aus der Schale heben. Den Saft der Limette auspressen. Den Apfel waschen, vierteln und vom Kerngehäuse befreien. Kiwi schälen und in Stücke schneiden.

4 Avocado, Limettensaft, Apfel, Kiwi und die Haferdrinkmischung im Standmixer fein pürieren. Dann nach und nach den Grünkohl dazugeben und untermixen.

5 Zum Servieren die Mischung auf zwei tiefe Teller verteilen und mit Sojaflocken, Beeren und Kokosraspeln garnieren. Wem das Müsli so nicht süß genug ist, der gibt noch jeweils 1 EL Dattelcreme dazu.

DIE SOJAFLOCKEN BRINGEN
HIER 10 G EIWEISS PRO PORTION INS

QUINOA-ZIMT-SKYR

Wer keine Quinoa mag, nimmt stattdessen Hirse. Dann gibt es halt einen Hirse-Zimt-Skyr. Der schmeckt auch supergut. Beide Varianten machen euch für eine ganze Weile richtig satt.

—

Für 2 Portionen
15 Min. Zubereitung

4 Datteln
100 g Quinoa
200 ml Haferdrink
1 TL Zimtpulver
100 g Heidelbeeren
4 EL Skyr
2 EL Hanfsamen

1 Die Datteln in Scheiben schneiden. Quinoa, Haferdrink, Datteln und Zimt in einem Topf zum Kochen bringen und zugedeckt bei kleiner Hitze ca. 10 Min. köcheln lassen, bis die Quinoa die Flüssigkeit ganz aufgenommen hat.

2 Die Heidelbeeren verlesen, waschen und abtropfen lassen. Die Quinoa auf zwei Teller verteilen und mit je 2 EL Skyr, 1 EL Hanfsamen und 50 g Heidelbeeren garnieren.

FOODWISSEN

Hanfsamen sind so wie Leinsamen eine gute Omega-3-Quelle, reich an B-Vitaminen und Ballaststoffen und tragen hier dazu bei, dass ihr nach dem Frühstück richtig satt seid.

HAUPT-
GERICHTE

»MINDESTENS EINE VON DEN EMPFOHLENEN ZWEI MAHLZEITEN AM TAG SOLLTE VOLLWERTIG UND AUSGEWOGEN SEIN. DAMIT IHR ABER SOGAR ZWEIMAL AM TAG WAS GSCHEITES ZUM ESSEN BEKOMMT, HAB ICH HIER EINE KLEINE AUSWAHL AN GESUNDEN GERICHTEN.«

FALAFELN MIT QUINOA-SALAT

Manchmal möchte man einfach gschmackige Gerichte in kurzer Zeit zubereiten. Wobei kurze Zeit relativ ist. Aber dieses Gericht ist wirklich einfach und schnell gemacht, wenn man die Einweichzeit für die Erbsen ignoriert.

—

Für 4 Portionen
30 Min. Zubereitung
15 Std. Einweichen

Falafeln:
200 g getrocknete Kichererbsen
1 Zwiebel
4 Knoblauchzehen
1 Bund Koriandergrün
1 EL Olivenöl
1½ EL gelbe Currypaste
1 TL dunkles Miso

Salat:
200 g Quinoa
200 ml Gemüsebrühe
250 g Kirschtomaten
1 Bund Radieschen
1 Bund Rucola
1 Zwiebel
2 Knoblauchzehen
180 g gemischte Oliven
1 EL helles Miso
1½ EL Aceto balsamico bianco
2 EL Olivenöl

Außerdem:
Öl zum Frittieren

1 Für die Falafeln die Kichererbsen in einer Schüssel mit kaltem Wasser bedecken und 10–15 Std. einweichen, dann in ein Sieb abgießen und abtropfen lassen. Die Kichererbsen portionsweise im Standmixer pürieren. Zwiebel und Knoblauch schälen und fein hacken. Koriander waschen und trocken schütteln, die Blätter abzupfen, fein hacken. Olivenöl in einer Pfanne erhitzen und Zwiebel und Knoblauch darin leicht braun anbraten. Currypaste und Miso dazugeben und bei mittlerer Hitze 3–4 Min. mitrösten. Curry-Miso-Mischung und Koriander zur Kichererbsenmasse geben und alles zu einem homogenen Teig mischen. Mit einem Esslöffel kleine Portionen vom Falafelteig abstechen, daraus kleine Kugeln formen und diese etwas flach drücken.

2 Etwa 1 cm hoch Olivenöl in eine Pfanne geben und erhitzen. Die Falafeln ins Öl geben und darin rundherum goldbraun frittieren. Fertige Falafeln auf Küchenpapier entfetten und bis zum Servieren warm halten.

3 Für den Salat die Quinoa in der Gemüsebrühe nach Packungsanweisung garen. Inzwischen die Tomaten und Radieschen waschen, putzen und in kleine Stücke schneiden. Rucola und Radieschenblätter waschen und trocken schleudern, nach Belieben kleiner schneiden. Zwiebel und Knoblauch schälen und fein hacken. Quinoa, Tomaten, Zwiebel, Knoblauch, Rucola, Radieschenblätter, Oliven, Miso, Essig und Olivenöl in einer Schüssel mischen. Falafeln und Salat auf Tellern anrichten.

GEHT AUCH: FALAFELN MIT OLIVENÖL BESTREICHEN UND BEI 180° IM OFEN CA. 30 MIN. BACKEN.

SÜSSKARTOFFEL-SATTMACHER-BOWL

Die Süßkartoffel bringt hier einen ganz wichtigen Stoff mit: Caiapo. Der reduziert nicht nur den Nüchternblutzuckerspiegel, sondern wirkt auch cholesterinsenkend. Und das macht die Süßkartoffel zu einem Gamechanger.

Für 4 Portionen
45 Min. Zubereitung
15 Min. Backen

200 g Süßkartoffel
1 ½ TL gelbe Currypaste
2 EL Tomatenmark
1 TL Ahornsirup
1 TL + 2 EL Olivenöl
2 EL Sojasauce
1 EL Zitronensaft
200 g Rotkohl
1 EL Aceto balsamico bianco
Salz
Pfeffer (frisch gemahlen)
600 g Mangold
4 Knoblauchzehen
200 g Vollkorn-Bulgur
400 g Lieblingsbohnen (Dose; Abtropfgewicht)

1 Den Backofen auf 180° Umluft vorheizen und ein Backblech mit Backpapier belegen. Süßkartoffel in Scheiben schneiden, in einer Schüssel mit 90° heißem Wasser übergießen und 5 Min. ziehen lassen.

2 Inzwischen für die Sauce Currypaste, Tomatenmark, Ahornsirup, 1 TL Olivenöl, Sojasauce und Zitronensaft in einer Tasse mischen. Die Süßkartoffelscheiben abgießen, mit der Sauce einreiben, auf das Backblech legen und im heißen Ofen (Mitte) ca. 15 Min. backen.

3 Den Rotkohl waschen, putzen und fein raspeln. Kohlraspel, Essig, 1 Prise Salz und Pfeffer vermengen.

4 Den Mangold waschen, putzen und in feine Streifen schneiden. Knoblauch schälen und fein hacken. 1 EL Olivenöl in einer Pfanne erhitzen und den Mangold darin braten, bis er zusammenfällt. Knoblauch dazugeben und 1 Min. mitbraten. Gemüse mit Sojasauce abschmecken.

5 Den Bulgur nach Packungsanweisung garen, mit Salz abschmecken. Bohnen in ein Sieb abgießen und abtropfen lassen. Bulgur, Bohnen, Süßkartoffel, Mangold und Rotkohl in vier Schalen dekorativ anrichten.

KOREAN STYLE BOWL BIBIMBAP

Es gibt kaum eine Bowl, die so viele verschiedene Geschmacksknospen triggert wie Bibimbap. Und deswegen zeig ich euch eine durch Bibimbap inspirierte Super-Bowl mit heimischen Zutaten.

—

Für 4 Portionen
45 Min. Zubereitung

100 g Vollkorn-Reis
Salz
2 Möhren
2 Bund Frühlingszwiebeln
8 Knoblauchzehen
1 Msp. Chilipulver
2 EL Sojasauce
3 EL geröstetes Sesamöl
2 Rettiche
1 EL Aceto balsamico bianco
1 TL geräuchertes Paprikapulver
1½ TL Zuckerrübensirup
200 g Champignons
4 EL Olivenöl
Pfeffer
300 g Grünkohl
300 g Mangold
1 TL gelbe Currypaste
1 EL dunkles Miso
1 EL Zitronensaft
4 Eier (L)
8 EL Kimchi (s. S. 62)
4 EL heller Sesam

1 Den Reis nach Packungsanweisung in Salzwasser garen. Möhren putzen, schälen und fein reiben. Frühlingszwiebeln putzen, waschen und in feine Ringe schneiden. Knoblauch schälen und fein hacken. Möhren, je ein Viertel der Frühlingszwiebeln und des Knoblauchs, Chili, 1 EL Sojasauce und 1 EL Sesamöl in einer Schüssel mischen.

2 Rettiche waschen, putzen, fein reiben und mit Essig, 1 Prise Salz, Paprikapulver, ½ TL Zuckerrübensirup und je einem Viertel der Frühlingszwiebeln und des Knoblauchs mischen. Champignons putzen und in Scheiben schneiden. 1 EL Olivenöl in einer Pfanne erhitzen und Pilze und ein Viertel des Knoblauchs darin 5 Min. anbraten. Salzen, pfeffern und ein Viertel der Frühlingszwiebeln untermischen, herausnehmen. Grünkohl und Mangold putzen, waschen und in Stücke zupfen. 1 EL Olivenöl in der Pfanne erhitzen und Kohl und Mangold darin 3 Min. anbraten. Restlichen Knoblauch 2 Min. mitbraten. Restlichen EL Sojasauce und 2 EL Wasser dazugeben und die Flüssigkeit fast verdampfen lassen. Mit 1 EL Sesamöl abschmecken und restliche Frühlingszwiebeln unterheben.

3 Currypaste, Miso, restlichen EL Sesamöl, restlichen TL Zuckerrübensirup, Zitronensaft und 3 EL Wasser verrühren. Die restlichen 2 EL Olivenöl in der Pfanne erhitzen und darin die Eier zu Spiegeleiern braten. Reis, Kimchi, Eier, Pilze, Rettich, Möhren und Mangoldmischung auf vier Schalen verteilen, mit Sesam bestreuen.

KARTOFFEL-LINSEN-CURRY

Oft sind es die ganz einfachen Gerichte, die satt und glücklich machen. Herrlich nahrhaft und herrlich sättigend und mit den richtigen Gewürzen ist dieses Curry eben auch herrlich lecker.

—

Für 4 Portionen
15 Min. Zubereitung
40 Min. Garen

- 1 TL Pimentkörner
- 4 TL Senfkörner
- 1 TL geräuchertes Paprikapulver
- 1 TL Kreuzkümmel
- 1 TL Bockshornklee
- 1 TL Currypulver
- 2 TL getrockneter Thymian
- 1 TL Pfefferkörner
- 2 Zwiebeln
- 4 Knoblauchzehen
- 500 g Kartoffeln
- 200 g rote Linsen
- 500 g Kirschtomaten
- 250 g Champignons
- 4 Stängel Petersilie
- 1 EL Olivenöl
- 1 EL Tomatenmark
- 1 EL dunkles Miso
- 400 g Kokosmilch
- 600 ml Gemüsebrühe
- 200 g Hirse
- Salz

1 Die Gewürze in einem Mörser zerstoßen. Zwiebeln und Knoblauch schälen und fein hacken. Die Kartoffeln waschen, schälen und klein würfeln. Linsen in kaltem Wasser waschen und in einem Sieb abtropfen lassen. Tomaten waschen. Champignons putzen, bei Bedarf mit einem trockenen Tuch abreiben und in Stücke schneiden. Petersilie waschen und trocken schütteln, die Blätter abzupfen und fein hacken.

2 Das Olivenöl in einer Pfanne erhitzen und die Zwiebeln darin glasig anbraten. Den Knoblauch dazugeben und 1 Min. mitbraten. Dann die Gewürzmischung dazugeben und 1 Min. mitanrösten. Tomatenmark und Miso unterrühren und 1 Min. mitanrösten. Kartoffeln, Linsen und Tomaten dazugeben und 1 Min. anbraten, dabei alle Zutaten in der Pfanne gut vermengen. Kokosmilch und Gemüsebrühe angießen. Das Curry einmal aufkochen und dann offen bei kleiner Hitze 40 Min. leicht köcheln lassen. Alle 10 Min. umrühren, damit nichts anbrennt. Nach 30 Min. Garzeit die Champignons untermischen und 10 Min. mitköcheln.

3 Inzwischen für die Beilage die Hirse gut waschen, bis das Wasser klar bleibt. Die Hirse in 400 ml Wasser einmal aufkochen und dann zugedeckt bei kleiner Hitze 10 Min. köcheln. Danach 10 Min. zugedeckt auf der ausgeschalteten Herdplatte ziehen lassen. Hirse und Curry auf vier Tellern anrichten und mit Petersilie bestreuen.

WENN EUCH DAS MÖRSERN DER GEWÜRZE ZU AUFWENDIG IST, KÖNNT IHR AUCH EINFACH EUER LIEBLINGS-GARAM-MASALA NEHMEN.

KARIBISCHE BOHNENSUPPE

Ich wollte schon immer nach Kuba, schon als ich ein kleines Kind war. Fragt mich nicht, warum, aber irgendwie lag's wohl am Rum. Doch nachhaltig beeindruckt hat mich eine Schwarze-Bohnen-Suppe.

Für 4 Portionen
15 Min. Zubereitung
10 Std. Einweichen
1 Std. 45 Min. Garen

200 g getrocknete schwarze Bohnen
1 große Zwiebel
4 Knoblauchzehen
1 Stange Staudensellerie
2 rote oder gelbe Paprika
8 frische rote Chilischoten
2 EL Olivenöl
1 EL dunkles Miso
1 TL getrockneter Oregano
1 TL getrockneter Thymian
2 Lorbeerblätter
Salz
Pfeffer
500 ml Gemüsebrühe
4 Eier (L)
1 Bund Koriandergrün
1 Bund Minze
1 Limette

1 Bohnen in einer Schüssel mit kaltem Wasser bedecken, über Nacht einweichen, dann abgießen. Bohnen in einem Topf mit Wasser bedecken, zum Kochen bringen und zugedeckt bei mittlerer Hitze in 1 Std. 30 Min. garen. Inzwischen Zwiebel und Knoblauch schälen und würfeln. Den Sellerie waschen, putzen und in kleine Stücke schneiden. Paprika und Chilis waschen, längs halbieren, von Kernen und weißen Trennwänden befreien und klein würfeln.

2 1 EL Olivenöl in einem Topf erhitzen und die Zwiebel darin goldbraun anbraten. Knoblauch und Miso dazugeben und 1 Min. mitbraten. Sellerie, Paprika, Oregano, Thymian, Lorbeerblätter und ein Viertel der Chilis dazugeben. Das Gemüse mit Salz und Pfeffer abschmecken. Bohnen, 100 ml Bohnenkochwasser und die Brühe dazugeben. Die Suppe aufkochen und 10 Min. offen kochen lassen, dann mit dem Pürierstab grob mixen.

3 Die Eier nacheinander in eine Tasse aufschlagen und vorsichtig in die Suppe gleiten lassen. Die Eier in 5–6 Min. bei kleiner Hitze in der Suppe pochieren. Inzwischen Koriander und Minze waschen und trocken schütteln, die Blätter abzupfen und fein hacken. Den Saft der Limette auspressen. Kräuter, restliche Chilis, Limettensaft und den restlichen EL Öl in einer Schale mischen. Die Salsa mit Salz abschmecken. Die Suppe auf vier tiefe Teller verteilen, in jeden Teller ein pochiertes Ei geben und die Suppe mit je 2–3 EL Salsa toppen.

DINNER-OFENGEMÜSE

Das Ofengemüse macht mit komplexen Kohlenhydraten, Ballaststoffen, gesunden Fetten und Proteinen sehr lange satt. Okay, das Ganze ist ein bisschen aufwendig, aber sonst wäre es ja auch kein perfektes Dinner.

—

Für 4 Portionen
30 Min. Zubereitung
1 Std. Garen

3 Zwiebeln
1 Bund Koriandergrün
1 Zitrone
1 EL helles Miso
1 TL Kreuzkümmel
1 TL geräuchertes Paprikapulver
4 EL Olivenöl
Salz | Pfeffer
1 Brokkoli
2 rote Spitzpaprika
2 Möhren
1 Süßkartoffel
250 g Champignons
250 g Schwarzkohl
400 g Bohnen (Dose; Abtropfgewicht)
1 EL Tomatenmark
1 TL dunkles Miso
500 g passierte Tomaten
2 EL Dattelcreme (s. S. 77)
200 g Buchweizen
500 ml Rote-Bete-Saft
2 EL Hefeflocken

1 2 Zwiebeln schälen und fein würfeln. Koriander waschen und trocken schütteln, die Blätter abzupfen und fein hacken. Zwiebeln und Koriander in eine Schüssel geben, den Saft der Zitrone bis auf 1 EL dazupressen, Miso, Kreuzkümmel, Paprikapulver, 3 EL Olivenöl, Salz und Pfeffer unterrühren. Den Backofen auf 180° Umluft vorheizen. Brokkoli putzen, waschen und in Röschen teilen. Den Stiel schälen und in kleine Stücke schneiden. Paprika waschen, längs halbieren und von Kernen und weißen Trennwänden befreien. Möhren und Süßkartoffel putzen und schälen. Paprika, Möhren und Süßkartoffel in Stücke schneiden. Champignons putzen und in Stücke schneiden. Schwarzkohlblätter waschen, von den Stielen befreien und in mundgerechte Stücke zupfen. Gemüse und Marinade in einem Bräter mit Deckel vermengen und zugedeckt im heißen Ofen (Mitte) ca. 1 Std. garen.

2 Bohnen abgießen und die Flüssigkeit auffangen. Restliche Zwiebel schälen und fein hacken. Restlichen EL Öl in einer Pfanne erhitzen und Tomatenmark und Zwiebel darin anbraten. Miso, 4–5 EL Bohnenflüssigkeit, Bohnen, Tomaten und Dattelcreme dazugeben und alles bis zur gewünschten Konsistenz reduzieren. Bohnen mit Salz und Pfeffer abschmecken. In einem Topf ohne Fett die Buchweizenkörner anrösten. Rote-Bete-Saft angießen und aufkochen lassen. Herdplatte ausschalten und den Buchweizen zugedeckt 10 Min. ziehen lassen, dann mit restlichem Zitronensaft, 1 Prise Salz, Pfeffer und Hefeflocken abschmecken. Gemüse, Buchweizen und Bohnen servieren.

TOFU-SESAM-BÄLLCHEN MIT HIRSE UND GEMÜSE

Das Highlight sind hier ganz klar die Tofu-Sesam-Bällchen, die aber hervorragend mit einer Gemüsepfanne ergänzt werden. Und weil Hirse so viel mehr kann als nur Brei, spendet sie hier einen wichtigen Teil der Eisenversorgung.

—

Für 4 Portionen

45 Min. Zubereitung
10 Std. Einweichen
1 Std. 30 Min. Garen

Gemüsepfanne:

200 g getrocknete Kichererbsen
600 g Spitzkohl
1 Pak Choi
200 g junge Prinzessbohnen
Salz
1 TL gemahlene Kurkuma
1 TL gemahlener Kreuzkümmel
1 TL Garam Masala
1 TL Rauchsalz
2 rote Zwiebeln
4 Knoblauchzehen
1 Handvoll Frühlingszwiebeln
½ Zitrone
1 EL Olivenöl

GEMÜSEPFANNE:

Die Kichererbsen mit kaltem Wasser bedecken, ca. 10 Std. einweichen, abgießen, zusammen mit frischem Wasser in einen Topf geben, zum Kochen bringen und zugedeckt bei kleiner bis mittlerer Hitze ca. 1 Std. 30 Min. köcheln lassen. In ein Sieb abgießen und abtropfen lassen.

Spitzkohl waschen, vom Strunk befreien und in feine Streifen schneiden. Pak Choi waschen und den grünen Teil in Streifen schneiden, den weißen anderweitig verwenden. Prinzessbohnen in kochendem Salzwasser in ca. 10 Min. bissfest garen. Kurkuma, Kreuzkümmel, Garam Masala und das Rauchsalz im Mörser fein zerstoßen. Zwiebeln und Knoblauch schälen und hacken. Frühlingszwiebeln putzen, waschen und in feine Ringe schneiden. Den Saft der Zitrone auspressen. 1 EL Öl in einer Pfanne erhitzen und die Zwiebeln darin goldbraun braten. Knoblauch und Gewürzmischung dazugeben, 1 Min. mitbraten. Spitzkohl dazugeben und 5 Min. mitbraten. Den Pfanneninhalt mit 100 ml Wasser ablöschen und den Bratensatz vom Pfannenboden loskochen. Das Gemüse zugedeckt bei mittlerer Hitze 10 Min. dünsten. Die Herdplatte ausschalten, das Gemüse zugedeckt weitere 10 Min. nachziehen lassen. Kichererbsen, Bohnen, Frühlingszwiebeln, Zitronensaft und Pak Choi unterheben.

BITTE UMBLÄTTERN →

Tofu-Sesam-Bällchen:
400 g Tofu
1 Knoblauchzehe
3 EL Kichererbsenmehl
1 TL Backpulver
2 EL Speisestärke
1 TL gemahlene Kurkuma
1 TL geräuchertes Paprikapulver
2 EL Tahin
2 EL Sojasauce
Salz
Pfeffer
2 EL Olivenöl
100 g heller Sesam

TOFU-SESAM-BÄLLCHEN:

Tofu mit den Fingern zerbröseln. Knoblauch schälen und dazureiben. Kichererbsenmehl, Backpulver, Stärke, Kurkuma, Paprikapulver, Tahin, Sojasauce, Salz und Pfeffer dazugeben, alles gut vermischen und mit den Händen 12–16 Bällchen aus der Tofumasse formen.

Olivenöl in einer beschichteten Pfanne erhitzen und die Tofubällchen darin von allen Seiten goldbraun braten. Den Sesam auf einen Teller geben und die Bällchen darin wälzen.

HIRSE:

Die Hirse so oft in einer Schüssel mit frischem Wasser waschen, bis das Wasser klar bleibt. Hirse und 400 ml Wasser in einem Topf einmal aufkochen und bei kleiner Hitze zugedeckt 10 Min. köcheln. Dann die Herdplatte ausschalten und die Hirse weitere 10 Min. zugedeckt gar ziehen lassen.

Hirse:
200 g Hirse

GARNITUR:

Koriandergrün waschen und trocken schütteln, die Blätter abzupfen und fein hacken. Kimchi bereitstellen.

Garnitur:
1 Bund Koriandergrün
4 EL Kimchi (s. S. 62)

Hirse, Gemüsepfanne und Tofubällchen auf vier Tellern anrichten und mit gehacktem Koriander und je 1 EL Kimchi garnieren.

WENN IHR HIRSE IN ROTE-BETE-SAFT KOCHT, WIRD DAS EISEN SOGAR NOCH BESSER VERFÜGBAR.

UMAMI PASTA

Die Idee dieses Pasta-Rezeptes ist entstanden, als ich wieder mal Scrambled Tofu gemacht habe. Warum nicht mal all die leckeren Tofu-Zutaten mit Nudeln kombinieren? Und entstanden ist diese umami Pasta.

Für 4 Portionen
15 Min. Zubereitung

500 g Spaghetti (ersatzweise Linguine)
Salz
2 Handvoll getrocknete Tomaten
1 getrockneter Shiitake
½ Zitrone
600 g weiße Bohnen (Dose; Abtropfgewicht)
4 EL Hefeflocken
2 TL geräuchertes Paprikapulver
2 Zwiebeln
4 Knoblauchzehen
1 EL Olivenöl
1 EL dunkles Miso
8 Stängel Petersilie

1 Die Nudeln nach Packungsanweisung in reichlich kochendem Salzwasser bissfest kochen.

2 Die getrockneten Tomaten in einer Schüssel mit heißem Wasser bedecken. Den Shiitake fein reiben. Den Saft der Zitrone auspressen. Die Bohnen samt Kochflüssigkeit, Hefeflocken, Paprikapulver, Shiitake, Zitronensaft und die eingeweichten Tomaten samt Flüssigkeit in einer Schüssel vermengen und mit einer Gabel zerdrücken.

3 Die Zwiebeln schälen und würfeln. Knoblauch schälen und fein reiben. Das Olivenöl in einer Pfanne erhitzen und die Zwiebeln darin glasig braten, Knoblauch und Miso dazugeben und 1 Min. mitrösten. Die Bohnenmischung und eine Schöpfkelle Nudelkochwasser dazugeben und aufkochen.

4 Die fertige Pasta in ein Sieb abgießen, zur Bohnensauce geben und 3–4 Min. darin ziehen lassen. Inzwischen die Petersilie waschen und trocken schütteln, die Blätter abzupfen und fein hacken. Pasta auf vier Teller verteilen, mit Petersilie bestreuen und genießen.

ROTE-LINSEN-SUPPE

Eine gute Linsensuppe ist etwas, was ich immer essen kann. Vor allem, wenn ich mich danach rundum satt und glücklich fühle. Und der Unterschied zwischen einer guten und einer sehr guten Linsensuppe liegt im Topping.

Für 4 Portionen
30 Min. Zubereitung

- 200 g rote Linsen
- 300 g festkochende Kartoffeln
- 400 g Kräuterseitlinge
- 2 Zwiebeln
- 4 Knoblauchzehen
- 1 Handvoll grüne Bratpaprika
- 2 TL Korianderkörner
- 1 TL Kreuzkümmelsamen
- 2 TL geräuchertes Paprikapulver
- 2 EL Olivenöl
- 1 EL dunkles Miso
- 1 EL Tomatenmark
- 500 ml Gemüsebrühe
- 700 ml passierte Tomaten
- 4 Stängel Petersilie
- ½ Bio-Zitrone
- 3 EL Weißweinessig
- 4 Eier (L)
- Salz
- 200 g Joghurt
- 1 TL helles Miso

1 Die Linsen waschen und in einem Sieb abtropfen lassen. Die Kartoffeln waschen, schälen und fein reiben. Pilze mit einer Gabel in Streifen zupfen. Zwiebeln und Knoblauch schälen und würfeln. Die Bratpaprika waschen, längs halbieren und von Kernen und weißen Trennwänden befreien. Trockene Gewürze im Mörser zerstoßen.

2 1 EL Olivenöl in einem Topf erhitzen und Zwiebeln, Kartoffeln und Pilze darin anbraten, bis sie gebräunt sind. Dunkles Miso, Knoblauch und Tomatenmark dazugeben und 1 Min. mitbraten. Linsen und Gewürzmischung dazugeben und weitere 1–2 Min. braten, dann Gemüsebrühe und passierte Tomaten angießen. Die Suppe zum Kochen bringen und zugedeckt bei kleiner Hitze 30 Min. köcheln lassen.

3 Restlichen EL Olivenöl in der Pfanne erhitzen und die Paprika darin anbraten. Petersilie waschen und trocken schütteln, die Blätter abzupfen und hacken. Zitrone heiß waschen, abtrocknen, die Schale fein abreiben und den Saft auspressen. In einem großen Topf reichlich Essigwasser zum Sieden bringen. Eier in Tassen aufschlagen. Mit einem Kochlöffel im Topf einen Strudel erzeugen. Die Eier nacheinander in das Auge des Strudels gleiten lassen und darin ca. 5 Min. pochieren, dann mit einem Schaumlöffel herausheben. Joghurt, Zitronensaft und -schale sowie helles Miso in einer Schüssel verrühren. Die Suppe auf vier tiefe Teller verteilen, mit Joghurt beträufeln und mit Paprika und pochiertem Ei toppen und mit Petersilie bestreuen.

THAI-SALAT

Ein Salat muss nicht immer aus Blättern, Zwiebel, Dressing und Tomaten bestehen. Ein Salat kann auch aus Glasnudeln, Sojaschnetzeln und Kombu-Alge gemischt werden. Hört sich komisch an? Schmeckt aber herrlich abgefahren.

—

Für 4 Portionen

30 Min. Zubereitung

2 getrocknete Shiitake
150 g Sojaschnetzel
½ Kombu-Algenblatt
1 EL helles Miso
1 Zucchino
1 EL Zitronensaft
2 rote oder gelbe Paprika
1 Bund Frühlingszwiebeln
1 Stück Ingwer (ca. 5 cm lang)
1 frische rote Chilischote
1 Limette
3 EL Sojasauce
3 EL geröstetes Sesamöl
4 Knoblauchzehen
1 EL Olivenöl
5 EL Teriyaki-Sauce
100 g Glasnudeln
1 Bund Koriandergrün
1 Bund Minze
2 Handvoll Erdnusskerne
1 Handvoll heller Sesam

1 Shiitake fein reiben. Sojaschnetzel, Shiitake, Kombu und Miso in einer Schüssel mit 300 ml 90° heißem Wasser aufgießen und 10 Min. ziehen lassen.

2 Inzwischen den Zucchino putzen, waschen, in eine Schüssel reiben und mit dem Zitronensaft mischen. Paprika waschen, längs halbieren, von Kernen und weißen Trennwänden befreien und quer in Streifen schneiden. Frühlingszwiebeln putzen, waschen und klein hacken.

3 Ingwer schälen und reiben. Chili waschen, längs halbieren, von Kernen und weißen Trennwänden befreien und fein hacken. Den Saft der Limette auspressen. Ingwer, Chili, Limettensaft, Sojasauce und Sesamöl verrühren.

4 Die Alge aus der Sojaschnetzelmischung entfernen und die Schnetzel auspressen, dabei den Sud auffangen. Den Knoblauch schälen und fein hacken.

5 Olivenöl in einer Pfanne erhitzen und die Sojaschnetzel darin bei großer Hitze knusprig anbraten. Knoblauch, Teriyaki-Sauce und 2 EL Soja-Einweichwasser dazugeben, etwas reduzieren und von der heißen Herdplatte nehmen.

6 Die Glasnudeln nach Packungsanweisung garen. Koriander und Minze waschen und trocken schütteln, die Blätter abzupfen und fein hacken. Nudeln, Zucchino, Paprika, Frühlingszwiebeln, Sojaschnetzel, Ingwer-Chili-Sauce, Kräuter, Erdnüsse und Sesam in eine große Schüssel geben, gut vermengen und genüsslich gabeln.

ASIA-PFANNE

Dieses Abendessen versorgt uns mit allem, was wir so brauchen, um vollwertig und gesund zu essen. Also alles, was wir im Laufe unseres Arbeitstages irgendwie vernachlässigt haben, holen wir uns mit dieser leckeren Asia-Pfanne zurück.

—

Für 4 Portionen
30 Min. Zubereitung

1 Zwiebel
1 frische rote Chilischote
4 Knoblauchzehen
2 Möhren
1 Rote Bete
1 Paprika
1 Brokkoli
1 EL Olivenöl
300 g TK-Edamame
3 EL Sojasauce
2 EL Mirin
2 Handvoll heller Sesam (geröstet)
2 Handvoll Erdnusskerne
2 EL Sesamöl
2 Frühlingszwiebeln
4 Stängel Koriandergrün
2 EL Limettensaft

1 Zwiebel schälen, halbieren und in Streifen schneiden. Die Chili waschen, längs halbieren, von Kernen und weißen Trennwänden befreien und in feine Streifen schneiden. Knoblauch schälen und fein hacken. Möhren und Rote Bete putzen und schälen. Paprika waschen, längs halbieren und von Kernen und weißen Trennwänden befreien. Möhren, Rote Bete und Paprika in Würfel schneiden. Brokkoli waschen, putzen und in mundgerechte Röschen teilen.

2 Das Olivenöl in einer Pfanne erhitzen und Zwiebelstreifen, Chili, Möhren und Knoblauch darin bei mittlerer Hitze anbraten. Brokkoli und Rote Bete dazugeben und bis zum gewünschten Gargrad mitbraten. Dann Paprika und Edamame dazugeben. Die Gemüsemischung mit Sojasauce und Mirin ablöschen. Sesam und Erdnüsse untermischen und die Asia-Pfanne mit Sesamöl abschmecken.

3 Die Frühlingszwiebeln putzen, waschen und in feine Ringe schneiden. Koriander waschen und trocken schütteln, die Blättchen abzupfen und hacken. Die Asia-Pfanne auf vier Teller verteilen, mit Frühlingszwiebeln und Koriander bestreuen, mit Limettensaft beträufeln und schmecken lassen!

KARTOFFEL-LINSEN-PFANNE

Das klassische Bauernfrühstück hat mich als Kind immer begeistert. Deftig und heftig, aber lecker. Nur nicht so richtig gesund. Davon inspiriert koche ich eine Kartoffel-Linsen-Pfanne, die fast genauso deftig schmeckt, aber gesund ist.

—

Für 4 Portionen
45 Min. Zubereitung
30 Min. Garen

200 g Berglinsen
500 g festkochende Kartoffeln
200 g Räuchertofu
2 Zwiebeln
4 Knoblauchzehen
250 g Champignons
1 Pak Choi
1 rote Paprika
2 EL Olivenöl
Salz
Pfeffer
2 TL geräuchertes Paprikapulver
2 EL Aceto balsamico
2 EL Dattelcreme (s. S. 77)

1 Die Linsen waschen und nach Packungsanweisung garen. Die Kartoffeln in einem Topf mit Wasser bedecken, zum Kochen bringen und zugedeckt bei mittlerer Hitze in 25–30 Min. garen.

2 Inzwischen den Räuchertofu würfeln. Zwiebeln und Knoblauch schälen und in feine Würfel schneiden. Champignons putzen, bei Bedarf mit einem trockenen Tuch abreiben und vierteln. Pak Choi waschen, die weißen Teile in Streifen schneiden, die grünen Teile klein würfeln. Die Paprika waschen, längs halbieren, von Kernen und weißen Trennwänden befreien und klein würfeln. Kartoffeln abgießen, kurz ausdampfen lassen, pellen und in Scheiben schneiden.

3 1 EL Olivenöl in einer Pfanne erhitzen und den Räuchertofu darin knusprig braten, dann salzen und pfeffern und aus der Pfanne nehmen. Den restlichen EL Olivenöl in der Pfanne erhitzen und die Zwiebeln darin glasig braten. Champignons und weiße Pak-Choi-Teile dazugeben.

4 Wenn die Champignons anfangen, Wasser zu verlieren, den Bratensatz damit vom Pfannenboden lösen und Kartoffeln und Tofu dazugeben. Rauchpaprika, Aceto balsamico, Dattelcreme, Salz und Pfeffer sowie die gekochten Linsen, die Paprika und die grünen Pak-Choi-Teile unterheben. Die Kartoffel-Linsen-Pfanne mit Salz und Pfeffer abschmecken.

PAPRIKA LIEFERT VIEL VITAMIN C UND DECKT HIER SCHON EIN VIERTEL DES TAGESBEDARFS.

SOMMERROLLEN

Während meiner Zeit in Vietnam habe ich diese Rollen und frittierte Heuschrecken fast jeden Tag gegessen. Aber da ich mich wahrscheinlich schwertue, euch frittierte Heuschrecken schmackhaft zu machen, rollen wir lieber den Sommer ein.

Für 4 Portionen

30 Min. Zubereitung

Klassische Sommerrollen:

2 Limetten
1 Knoblauchzehe
3 EL Erdnussmus
2 TL Ahornsirup
1 EL + 1 TL Sojasauce
1 Stück Ingwer (ca. 5 cm lang)
2 TL Aceto balsamico
½ Salatgurke
150 g Rotkohl
1 Möhre
100 g Vollkorn-Vermicelli
200 g Räuchertofu
2 EL Speisestärke
1 EL Öl
2 Knollen junger Knoblauch
4 Frühlingszwiebeln
1 Handvoll Schwarznesselblätter
1 Handvoll Thai-Basilikumblätter
1 Packung Reispapierblätter

KLASSISCHE SOMMERROLLEN:

Für die Sauce den Saft der Limetten auspressen. Knoblauch schälen und fein reiben. Erdnussmus, die Hälfte des Limettensafts, 1 TL Ahornsirup, 1 EL Sojasauce und Knoblauch in einer Schüssel verrühren. Nach Geschmack könnt ihr die Sauce noch mit etwas Wasser verdünnen.

Für die Marinade den Ingwer schälen und fein in eine Schale reiben. Restlichen Limettensaft, restlichen TL Ahornsirup, restlichen TL Sojasauce und Aceto balsamico unterrühren.

Gurke und Rotkohl putzen und waschen. Möhre putzen und schälen. Gurke, Kohl und Möhre in lange dünne (Julienne-) Streifen schneiden. Die Vermicelli nach Packungsanweisung garen, in ein Sieb abgießen und abtropfen lassen.

BITTE UMBLÄTTERN

Die Hälfte der Marinade mit dem Gemüse, die andere Hälfte mit den Nudeln mischen. Räuchertofu in Scheiben schneiden und in der Speisestärke wenden. Das Öl in einer Pfanne erhitzen und den Tofu darin auf allen Seiten knusprig braten. Die gebratenen Tofuscheiben so zuschneiden, dass sie später in die Sommerrollen passen.

Jungen Knoblauch und Frühlingszwiebeln putzen, waschen und in dünne Streifen schneiden. Die Kräuterblätter in einem Sieb waschen und trocken tupfen.

Die Reispapierblätter nacheinander je 15–20 Sek. in einem mit Wasser gefüllten flachen Teller einweichen. Von allen vorbereiteten Zutaten ein kleines bisschen mittig auf jedes Reispapierblatt legen. Den unteren Rand des Blattes nach oben über die Füllung klappen, dann die Seitenränder nach innen klappen und das Reispapierblatt von unten nach oben so fest wie möglich aufrollen.

FRUCHTIGE SOMMERROLLEN:

Für die Sauce den Saft der Limette auspressen. Knoblauch schälen und fein reiben. Erdnussmus, Brühe, Kokosmilch, Sojasauce, Sriracha-Sauce, Limettensaft, Knoblauch und Miso im Standmixer pürieren.

Möhre und Rote Bete putzen, schälen und fein raspeln. Die Mango schälen und das Fruchtfleisch vom Stein schneiden. Avocado halbieren, entkernen und das Fruchtfleisch mit einem Löffel aus der Schale heben. Die Frühlingszwiebel putzen und waschen. Mango, Avocado und Frühlingszwiebel in Streifen schneiden. Die Kräuter waschen und trocken schütteln, die Blätter abzupfen und hacken.

Wie links beschrieben die Reispapierblätter einweichen. Minze und Koriander, dann Möhre, Rote Bete, Mango, Avocado und Frühlingszwiebel darauf verteilen und wie links beschrieben so fest wie möglich einrollen.

Die fertigen Rollen in ihre jeweiligen Saucen dippen und herzhaft reinbeißen.

SÄMTLICHES KNACKIGES GEMÜSE, ALLERLEI KRÄUTER, TOFU, TEMPEH, ABER AUCH PAPAYA SCHMECKEN TOLL IN DEN ROLLEN. EINFACH AUSPROBIEREN.

Fruchtige Sommerrollen:

- 1 Limette
- 1 Knoblauchzehe
- 2 EL cremiges Erdnussmus
- 80 ml Gemüsebrühe
- 80 g Kokosmilch
- 2 EL Sojasauce
- 1 TL Sriracha-Sauce
- 1 TL dunkles Miso
- 1 Möhre
- 1 Rote Bete
- 1 Mango
- 1 Avocado
- 1 Frühlingszwiebel
- 1 Handvoll Minze
- 1 Handvoll Koriandergrün
- 1 Packung Reispapierblätter

REIFE ANANAS SIND RICHTIG SÜSS. DER BLUTZUCKER SCHNELLT NACH IHREM GENUSS TROTZDEM NICHT

EINMAL SÜSSSAUER BITTE

Das Highlight des Monats war für mich als Kind, wenn mein Vater Hähnchen süßsauer gemacht hat. Heute esse ich kein Hähnchen mehr, aber Süßsaures mag ich immer noch gerne. Voilà!

—

Für 4 Portionen
30 Min. Zubereitung
8 Std. Tiefkühlen
20 Min. Auftauen

400 g Tofu
200 g Dinkel (ersatzweise Basmati-Reis)
Salz
1 Handvoll getrocknete Shiitake
1 Ananas
100 ml passierte Tomaten
3 EL Aceto balsamico bianco
2 EL Limettensaft
1 Portion Dattelcreme (s. S. 77)
1 Pak Choi
1 grüne Paprika
1 Zwiebel
1 Stück Ingwer (ca. 5 cm lang)
2 EL Speisestärke
2 EL Öl
4 Knoblauchzehen

1 Den Tofu über Nacht tiefkühlen, dann wieder auftauen. Dinkel 1 Std. wässern und nach Packungsanweisung in Salzwasser garen. Inzwischen die Shiitake und 200 ml Wasser in einem Topf aufkochen und die Flüssigkeit um die Hälfte reduzieren, dann in ein Sieb abgießen und die Brühe auffangen. Ananas putzen, schälen und würfeln. Eine Handvoll Ananaswürfel beiseitestellen. Den Rest mit einer Saftpresse entsaften oder fein pürieren. 200 ml Ananassaft, Tomaten, Essig und Limettensaft in einem Topf aufkochen und offen bei kleiner Hitze um ein Viertel reduzieren. Nach und nach mit Dattelcreme abschmecken.

2 Pak Choi waschen, putzen und grünen und weißen Teil getrennt voneinander in Streifen schneiden. Paprika waschen, längs halbieren, von Kernen und weißen Trennwänden befreien und klein würfeln. Zwiebel schälen und in Streifen schneiden. Ingwer schälen und fein reiben. Tofu zwischen mehreren Lagen Küchenpapier auspressen, würfeln und mit der Stärke mischen. Öl in einer Pfanne erhitzen, die Tofuwürfel darin von allen Seiten in 6–8 Min. knusprig braten, dann auf Küchenpapier entfetten.

3 Knoblauch schälen und fein reiben. In der Pfanne Zwiebel und Ingwer anbraten. Shiitake und weiße Pak-Choi-Streifen dazugeben. Wenn der Pak Choi gebräunt ist, Knoblauch und Paprika dazugeben, 1 Min. mitbraten, salzen und mit 100 ml Shiitake-Brühe ablöschen. Ananaswürfel dazugeben und kurz mitbraten. Tofu, grüne Pak-Choi-Streifen und die süßsaure Sauce dazugeben und 1 Min. mitgaren. Dinkel und Tofupfanne auf vier Tellern anrichten und genießen.

DJUVEC-REIS

Meine Mama hat Djuvec-Reis von ihrer Mama gelernt, meine Oma von ihrer Mama und meine Uroma von ihrer Mama. Und ich mach's halt mal wieder ein bisschen anders. Ich hoffe, meine Balkan-Gene werden es mir verzeihen.

Für 4 Portionen

45 Min. Zubereitung

2 Paprika
2 Zwiebeln
4 Knoblauchzehen
200 g Basmati-Reis
1 Handvoll Walnusskerne
1 Bund Frühlingszwiebeln
2 EL Olivenöl
1 TL dunkles Miso
5 TL Dattelcreme (s. S. 77)
2 TL geräuchertes Paprikapulver
400 ml passierte Tomaten
300 g TK-Erbsen (ersatzweise Edamame)
Salz
1 EL + 1 TL Aceto balsamico
200 g Räuchertofu
1 EL Sojasauce

1 Die Paprika waschen, längs halbieren, von Kernen und weißen Trennwänden befreien und würfeln. Zwiebeln und Knoblauch schälen und fein würfeln. Den Reis so lange immer wieder in einer Schüssel in frischem Wasser waschen, bis das Wasser klar bleibt. Walnüsse hacken. Frühlingszwiebeln putzen, waschen und in feine Ringe schneiden.

2 1 EL Olivenöl in einer Pfanne erhitzen und Paprika, Zwiebeln und Knoblauch darin anbraten. Wenn das Gemüse beginnt zu bräunen, Miso und 3 TL Dattelcreme dazugeben und kurz mitbraten. Paprikapulver, Reis, passierte Tomaten und 300 ml Wasser dazugeben, aufkochen und offen bei kleiner Hitze 15 Min. köcheln lassen. 5 Min. vor Ende der Garzeit die Erbsen dazugeben. Dann die Reispfanne mit Salz und 1 EL Aceto balsamico abschmecken.

3 Den restlichen EL Olivenöl in einer Pfanne erhitzen, den Räuchertofu hineinbröseln und darin scharf anbraten. Mit Sojasauce, restlichem TL Aceto balsamico und den restlichen 2 TL Dattelcreme abschmecken. Djuvec-Reis auf vier tiefe Teller verteilen, mit Räuchertofu, Walnüssen und Frühlingszwiebelringen bestreuen und genießen.

FOODWISSEN

Reis enthält keine großen, aber verzichtbare Mengen an Arsen. Darum Reis immer wässern und waschen. So wird ein Teil des Arsens ausgespült.

KICHERERBSEN-CURRY

Der Dinkel bringt hier komplexe Kohlenhydrate und ein knackiges Mundgefühl ins Essen, was uns in Kombination mit den Kichererbsen einfach pappsatt macht. Die gekeimten Erbsen sorgen für einen kleinen Geschmacks-Kick.

—

Für 4 Portionen
30 Min. Zubereitung
1 Std. Wässern

200 g Dinkel
2 Zwiebeln
1 Stück Ingwer (ca. 5 cm lang)
4 Knoblauchzehen
2 TL gemahlener Kreuzkümmel
2 TL Korianderkörner
1 TL gemahlene Kurkuma
½ Limette
1 Bund Frühlingszwiebeln
2 Handvoll Erbsensprossen
8 Stängel Koriandergrün
1 EL Olivenöl
400 ml passierte Tomaten
400 g Kichererbsen (Dose; Abtropfgewicht)
Salz
Pfeffer
2 EL Dattelcreme (s. S. 77)
1 TL Garam Masala

1 Den Dinkel in einer Schüssel mit kaltem Wasser bedecken und mindestens 1 Std. wässern. Dann in ein Sieb abgießen und nach Packungsanweisung garen.

2 Inzwischen Zwiebeln, Ingwer und Knoblauch schälen und klein schneiden. Kreuzkümmel, Korianderkörner und Kurkuma im Mörser fein zerstoßen. Den Saft der Limette auspressen. Frühlingszwiebeln putzen, waschen und in feine Ringe schneiden. Erbsensprossen in einem Sieb abspülen und abtropfen lassen. Koriandergrün waschen und trocken schütteln, die Blätter abzupfen und hacken.

3 Das Olivenöl in einer Pfanne erhitzen und die Zwiebeln darin glasig braten. Knoblauch und Ingwer 1 Min. mitbraten, dann die Gewürzmischung dazugeben, 1 Min. mitrösten. Pfanneninhalt mit 100 ml Wasser und den passierten Tomaten ablöschen, aufkochen und offen bei kleiner Hitze 10 Min. köcheln. Kichererbsen dazugeben und 5 Min. mitköcheln. Zum Schluss das Curry mit Salz, Pfeffer, Dattelcreme, Garam Masala und Limettensaft abschmecken.

4 Curry auf vier Schalen verteilen. Darauf Dinkel, Frühlingszwiebeln und Erbsensprossen anrichten. Das Curry mit Koriander bestreuen und nach Belieben noch mit etwas Limettensaft beträufeln.

PROTEINBOMBEN-WRAPS

Ich weiß nicht, woran das liegt, aber mit Wraps kann man fast jeden Menschen begeistern. So eingerolltes, gut in der Hand liegendes Fast Food rockt einfach. Lasst uns ein bisschen Geschwindigkeit rausnehmen und Slow Food zaubern.

—

Für 4 Portionen

45 Min. Zubereitung
15 Std. Einweichen
20 Min. Backen

Grünkern-Gemüse:

50 g Grünkern
1 Möhre
200 g Weißkohl
1 rote oder gelbe Paprika
2 Zwiebeln
4 Knoblauchzehen
1 TL + 1 EL Olivenöl
1 TL dunkles Miso
1 EL Sojasauce
1 Stück Ingwer (ca. 5 cm lang)
1 Stängel Zitronengras
1 TL Tomatenmark
2 getrocknete Bird-Eye-Chilischoten
1 EL Dattelcreme (s. S. 77)
2 TL Umami-Pulver (s. S. 43)

GRÜNKERN-GEMÜSE:

Den Grünkern in einer Schüssel mit kaltem Wasser bedecken und über Nacht einweichen. Dann das Einweichwasser wegschütten. Grünkern und 100 ml Wasser in einem Topf zum Kochen bringen und zugedeckt bei kleiner Hitze in ca. 30 Min. weich garen.

Inzwischen die Möhre putzen und schälen. Weißkohl waschen und putzen, beides fein raspeln. Paprika waschen, längs halbieren, von Kernen und weißen Trennwänden befreien und in kleine Würfel schneiden. 1 Zwiebel und 2 Knoblauchzehen schälen und fein würfeln.

1 EL Olivenöl in einer Pfanne erhitzen und die Zwiebel darin anschwitzen. Knoblauch und dunkles Miso dazugeben und anrösten. Möhren- und Kohlraspel dazugeben, 2 Min. mitbraten und den Bratensatz vom Pfannenboden kratzen. Das Gemüse mit der Sojasauce ablöschen, in eine Schüssel geben und bis zur Verwendung beiseitestellen.

BITTE UMBLÄTTERN

Restliche Zwiebel, restlichen Knoblauch und den Ingwer schälen und in Würfel schneiden. Zitronengras klein schneiden. Zwiebel, Ingwer, Zitronengras, Knoblauch, Tomatenmark, restlichen TL Olivenöl, Chilis und Dattelcreme in den Standmixer geben und fein pürieren. Die Paste, das Umami-Pulver und den Grünkern in die Pfanne geben, in der vorher das Gemüse war. Kurz erwärmen und dann die Möhren-Kohl-Mischung dazugeben.

Tempeh:
300 g Tempeh
1 Bio-Zitrone
1 TL Olivenöl
2 EL Hefeflocken
1 EL helles Miso

TEMPEH:

Den Backofen auf 160° Umluft vorheizen und ein Backblech mit Backpapier belegen. Den Tempeh in sechs Scheiben schneiden. Die Zitrone heiß waschen, abtrocknen, die Schale fein abreiben und den Saft auspressen. Zitronensaft und -schale, Olivenöl, Hefeflocken und helles Miso in einer Tasse verrühren. Den Tempeh damit einreiben, auf dem Blech verteilen und im heißen Ofen (Mitte) 20 Min. backen, dabei nach 10 Min. Backzeit wenden.

FLADEN:

Für die Fladen die roten Linsen in einer Schüssel in immer wieder frischem Wasser so lange waschen, bis das Wasser klar bleibt, dann in der Schüssel mit 300 ml Wasser übergießen und 3 Std. einweichen. ¼ TL Salz und den Bockshornklee dazugeben, die Mischung in den Standmixer füllen und cremig pürieren. Eine beschichtete Pfanne ohne Fett erhitzen. Ein Sechstel der Linsenmischung hineingeben und am Pfannenboden verteilen. Den Fladen von jeder Seite je 2–3 Min. bei mittlerer Hitze backen. Der Fladen soll durch, aber noch gut biegsam sein. Aus der restlichen Linsenmischung auf die gleiche Art fünf weitere Fladen backen.

Fladen:

150 g rote Linsen
Salz
½ TL Bockshornklee

TOPPING:

Frühlingszwiebeln putzen, waschen und in feine Ringe schneiden. Koriander waschen und trocken schütteln, die Blätter abzupfen und fein hacken. Den Saft der Limette auspressen. Erdnüsse grob hacken.

Topping:

1 Bund Frühlingszwiebeln
1 Bund Koriandergrün
1 Limette
1 Handvoll Erdnusskerne

Auf jedem Fladen ein Sechstel der Grünkern-Gemüse-Pfanne verteilen, rundherum soll ein etwa 3 cm breiter Rand frei bleiben. Je eine Scheibe Tempeh darüberkrümeln, ein paar Erdnüsse, etwas Koriander, ein Sechstel der Frühlingszwiebeln und einen Schuss Limettensaft darauf verteilen. Den unteren Fladenrand nach oben über die Füllung klappen und den Wrap von einer Seite zur anderen einrollen. Die restlichen Wraps genauso füllen.

BEI DER FÜLLUNG DÜRFT IHR GERNE EXPERIMENTIEREN UND AUCH ANDERES GEMÜSE VERWENDEN. STATT TEMPEH SCHMECKT AUCH TOFU TOLL.

GEMÜSEPFANNE

Was soll ich groß zu einer Gemüsepfanne schreiben? Es ist halt eine Gemüsepfanne. Schnell, einfach lecker. Gesund. Und ich finde, Gemüsepfanne kann man immer essen, ohne dass einem langweilig dabei wird.

—

Für 4 Portionen
30 Min. Zubereitung

200 g Quinoa
2 Zwiebeln
4 Knoblauchzehen
2 Zucchini
1 rote, gelbe oder grüne Paprika
150 g Brokkoli
150 g Blumenkohl
400 g weiße Bohnen (Dose; Abtropfgewicht)
1 Bund Frühlingszwiebeln (nach Belieben)
2 Handvoll Radieschensprossen (ersatzweise Mungbohnen- oder Alfalfa-Sprossen; nach Belieben)
1 EL Olivenöl
2 EL Sojasauce
400 ml passierte Tomaten
2 TL getrocknetes Basilikum
300 ml Gemüsebrühe
½ Limette
2 EL Dattelcreme (s. S. 77)
Salz
Pfeffer

1 Quinoa nach Packungsanweisung garen. Inzwischen Zwiebeln und Knoblauch schälen und fein hacken. Zucchini putzen, waschen und in kleine Stücke schneiden. Paprika waschen, längs halbieren, von Kernen und weißen Trennwänden befreien und würfeln. Brokkoli und Blumenkohl putzen, waschen und in Röschen teilen. Die Bohnen in ein Sieb abgießen und abtropfen lassen. Frühlingszwiebeln, falls sie verwendet werden, putzen, waschen und in feine Ringe schneiden. Die Sprossen, falls verwendet, in einem Sieb abspülen und abtropfen lassen.

2 Das Olivenöl in einer Pfanne erhitzen und die Zwiebeln darin anbraten. Zucchini- und Paprikastücke kurz mitbraten. Knoblauch dazugeben und 1 Min. mitbraten. Sojasauce, passierte Tomaten, Basilikum und Brühe dazugeben, aufkochen und die Gemüsepfanne offen bei kleiner Hitze 10 Min. köcheln. Brokkoli und Blumenkohl dazugeben und 5 Min. mitkochen, sodass der Kohl noch bissfest bleibt.

3 Die Quinoa und die Bohnen unter die Gemüsepfanne mischen und alles einmal aufkochen. Den Saft der Limette dazupressen. Die Gemüse-Quinoa-Pfanne mit Dattelcreme, Salz und Pfeffer abschmecken und nach Belieben mit Frühlingszwiebeln und Sprossen bestreut servieren.

DAS ENZYM MYROSINASE IST HITZE-EMPFINDLICH UND DESWEGEN SOLLTE KOHL NIE WEICH GEKOCHT WERDEN.

COUSCOUS-SALAT MIT RÖST-BLUMENKOHL

Miso steigert die Bioverfügbarkeit von pflanzlichen Mineralstoffen. Vor allem Eisen kann der Körper besser aufnehmen, wenn man eisenhaltige Lebensmittel in Kombination mit Fermentiertem und/oder Saurem isst.

—

Für 4 Portionen
15 Min. Zubereitung

200 g Vollkorn-Couscous
300 ml heiße Gemüsebrühe
1 Bund Radieschen
3 rote Zwiebeln
4 Knoblauchzehen
1 Salatgurke
1 rote oder gelbe Paprika
400 g weiße Bohnen (Dose; Abtropfgewicht)
6 EL Olivenöl
3 EL Aceto balsamico
2 TL süßer Senf
1 EL helles Miso
2 EL Tomatenmark
Salz
200 g Räuchertofu
1 EL Speisestärke
1 EL Sojasauce
500 g Blumenkohl
2 EL heller Sesam
1 Bund Koriandergrün

1 Den Couscous in einer Schüssel mit der Gemüsebrühe übergießen und zugedeckt ca. 10 Min. ziehen lassen. Inzwischen die Radieschen waschen und trocken schütteln. Blätter und Radieschen klein schneiden. Zwiebeln und Knoblauch schälen und würfeln. Gurke putzen, waschen und würfeln. Paprika waschen, längs halbieren, von Kernen und weißen Trennwänden befreien und in Würfel schneiden. Bohnen in ein Sieb abgießen und abtropfen lassen. Die vorbereiteten Zutaten unter den Couscous heben.

2 Für das Dressing 3 EL Olivenöl, Aceto balsamico, Senf, Miso und Tomatenmark verrühren. Falls das Dressing zu dickflüssig ist, noch etwas Wasser unterrühren. Dressing unter den Couscous mischen. Salat mit Salz abschmecken.

3 Räuchertofu in Würfel schneiden und mit der Stärke mischen. 2 EL Olivenöl in einer Pfanne erhitzen und die Tofuwürfel darin von allen Seiten knusprig braten. Die Pfanne vom Herd nehmen, den Tofu mit der Sojasauce ablöschen und anschließend auf einen Teller geben.

4 Blumenkohl putzen, waschen und in 1 cm dicke Scheiben schneiden. Den restlichen EL Olivenöl in einer Pfanne erhitzen und den Blumenkohl darin von beiden Seiten dunkelbraun anrösten. Mit Sesam bestreuen. Koriander waschen und trocken schütteln, die Blätter abzupfen und hacken. Couscous-Salat, Blumenkohl und Räuchertofu auf vier Tellern anrichten, mit Koriander bestreuen.

FÜR EINE SAUCE DAZU 400 G JOGHURT, 1 EL HELLES MISO UND 1 TL ZITRONENSAFT MISCHEN.

SÜSSKARTOFFEL MIT KICHERERBSEN-SPINAT

Schon wieder ein Süßkartoffel-Rezept. Aber mir schmecken sie halt so gut. Und sie sind so supergesund. Ihr könnt auch normale Kartoffeln nehmen. Aber ich habe keine Ahnung, wie die dann schmecken. Hab ich noch nie gemacht.

Für 4 Portionen

40 Min. Zubereitung
20 Min. Garen
30 Min. Backen

200 g Hirse
800 g Süßkartoffeln
3 EL Tomatenmark
2 EL Sojasauce
2 TL Dattelcreme (s. S. 77)
1 Bund Radieschen
Salz
4 Knoblauchzehen
400 g Kichererbsen (Dose; Abtropfgewicht)
200 g Spinat
1 EL Olivenöl
Pfeffer

1 Die Hirse in einer Schüssel so lange immer wieder in frischem Wasser waschen, bis das Wasser klar bleibt. Hirse und 400 ml Wasser in einem Topf aufkochen und zugedeckt bei kleiner Hitze 10 Min. köcheln. Die Herdplatte ausschalten und die Hirse zugedeckt noch 10 Min. ziehen lassen.

2 Inzwischen den Backofen auf 180° Umluft vorheizen und ein Backblech mit Backpapier belegen. Die Süßkartoffeln schälen und in Scheiben schneiden. Tomatenmark, Sojasauce und Dattelcreme mischen. Die Süßkartoffelscheiben damit einreiben, auf das Blech legen und im heißen Ofen (Mitte) 20–30 Min. backen. Die Marinade darf nicht verbrennen.

3 Die Radieschen waschen, putzen und vierteln. Radieschen und 1 Msp. Salz in einer Schüssel mischen. Knoblauch schälen und klein schneiden. Kichererbsen in ein Sieb abgießen und abtropfen lassen. Spinat verlesen, von groben Stielen befreien, waschen, in ein Sieb abgießen und abtropfen lassen.

4 Das Olivenöl in einer Pfanne erhitzen und den Knoblauch darin anschwitzen. Kichererbsen dazugeben und kurz mitbraten. Spinat dazugeben und zusammenfallen lassen. Die Mischung mit Salz und Pfeffer abschmecken. Hirse auf vier Schalen verteilen. Radieschen, Kichererbsen-Spinat und Süßkartoffelscheiben darauf anrichten.

TWO-POTS-ONE-POT MIT REGIONALEM SUPERFOOD

Superfood hier, Superfood da, Superfood aus Übersee, dabei liegt massenweise Superfood vor der Haustür. Und meistens ist es noch superer als das aus Übersee.

Für 4 Portionen
45 Min. Zubereitung

1 TL Korianderkörner
1 TL gemahlene Kurkuma
½ TL Chipotle-Chili
1 TL geräuchertes Paprikapulver
½ TL Zimtpulver
1 EL helles Miso
500 g Grünkohl
1 Stück Ingwer (ca. 5 cm lang)
3 Zwiebeln
6 Knoblauchzehen
500 g Shiitake
500 g Rosenkohl
500 g Riesenbohnen (Dose; Abtropfgewicht)
2 EL Olivenöl
2 EL Dattelcreme (s. S. 77)
2 Lorbeerblätter
300 ml Gemüsebrühe
1 TL dunkles Miso
2 EL Sojasauce
1 TL Rosmarinnadeln
2 Bird-Eye-Chilischoten
1 Handvoll Erdnusskerne

1 Koriander, Kurkuma, Chipotle-Chili, Paprikapulver und Zimt im Mörser fein zerstoßen. Helles Miso und 70 ml Wasser in einer Tasse mischen.

2 Den Grünkohl waschen, putzen und in mundgerechte Stücke zupfen. Ingwer schälen und klein schneiden. Zwiebeln und Knoblauch schälen und fein hacken. Shiitake halbieren. Den Rosenkohl putzen, waschen und nach Belieben vierteln. Bohnen in ein Sieb abgießen und abtropfen lassen.

3 1 EL Olivenöl in einer Pfanne erhitzen und ein Drittel der Zwiebeln darin glasig braten. Zwei Drittel vom Knoblauch und den Ingwer dazugeben und 1 Min. mitrösten. Die Gewürzmischung dazugeben, 30 Sek. mitrösten, dann den Grünkohl dazugeben und kurz mitbraten. Dattelcreme, Lorbeerblätter und Gemüsebrühe dazugeben und alles aufkochen. Bohnen dazugeben und köcheln, bis die Hälfte der Flüssigkeit verdampft ist. Helles Miso dazugießen.

4 In einer zweiten Pfanne den restlichen EL Olivenöl erhitzen und die restlichen Zwiebeln darin anrösten. Restlichen Knoblauch und das dunkle Miso dazugeben. Wenn die Zwiebeln glasig sind, Rosenkohl und Shiitake dazugeben. Mit der aus den Pilzen austretenden Flüssigkeit den Bratensatz vom Pfannenboden loskochen. Sojasauce, Rosmarin und Bird-Eye-Chilis dazugeben, 2 Min. mitköcheln, Shiitake-Rosenkohl-Mischung unter den Grünkohl-Bohnen-Topf heben. Die Erdnüsse auf den One Pot streuen und genießen.

UMAMI SUPPE VIETNAM STYLE

Inspiriert durch mein Jahr in Vietnam entstand diese herrlich aufwendige, aber trotzdem supereinfache Suppe. Das Zusammenspiel von Süße, Säure und Umami trifft hier auf heimische Zutaten wie Palmkohl und Mangold.

Für 4 Portionen
45 Min. Zubereitung
8 Std. Marinieren

Nudeln:
400 g Reisbandnudeln
1 TL geröstetes Sesamöl

Eier:
4 Eier (L)
120 ml Sojasauce
2 EL Aceto balsamico bianco
1 EL Ahornsirup

NUDELN:

Die Reisbandnudeln nach Packungsanweisung garen, mit kaltem Wasser abschrecken, in ein Sieb abgießen, abtropfen lassen und in einer Schüssel mit dem Sesamöl mischen.

EIER:

Wasser in einem Topf zum Kochen bringen und die Eier darin bei kleiner bis mittlerer Hitze 7 Min. kochen. Anschließend in Eiswasser legen und 10 Min. auskühlen lassen.

Sojasauce, Essig und Ahornsirup in einer Schale mischen. Die Eier pellen, in ein hohes Glas geben und die Marinade dazugießen, bis alle Eier bedeckt sind. Die Eier über Nacht im Kühlschrank marinieren.

BITTE UMBLÄTTERN

Brühe:

200 g Ananas
1 säuerlicher Apfel
1 Stück Ingwer
(ca. 5 cm lang)
1 Stängel Zitronengras
½ Zwiebel
4 Knoblauchzehen
1 EL Olivenöl
2 Kaffir-Limettenblätter
1 Handvoll getrocknete
Shiitake
3 Sternanis
200 ml Sojasauce

BRÜHE:

Ananas schälen, putzen und würfeln. Den Apfel schälen, vierteln, vom Kerngehäuse befreien und würfeln. Ingwer schälen und klein schneiden. Den Zitronengrasstängel längs halbieren. Die Knoblauchzehen schälen.

In einem Topf das Olivenöl erhitzen und die Zwiebelhälfte darin auf der Schnittfläche dunkelbraun anbraten. Dann Knoblauch, Apfel, Ananas, Zitronengras, Kaffir-Limettenblätter, getrocknete Shiitake, Sternanis, Sojasauce und 1 l Wasser dazugeben, aufkochen und die Brühe offen bei mittlerer bis großer Hitze um die Hälfte reduzieren. Brühe durch ein Sieb abgießen und wieder in den Topf geben.

Einlage:

250 g Champignons
300 g Mangold
300 g Palmkohl
2 Knoblauchzehen
1 EL Olivenöl
2 TL Umami-Pulver
(s. S. 43)
1 TL Sojasauce

EINLAGE:

Champignons putzen, bei Bedarf mit einem trockenen Tuch abreiben und klein schneiden. Mangold waschen, putzen und weiße und grüne Teile separat in Streifen schneiden. Palmkohl putzen, waschen und klein schneiden. Knoblauch schälen und hacken. Das Olivenöl in einer Pfanne erhitzen und die weißen Mangoldstreifen darin anbraten. Pilze dazugeben und anbraten. Knoblauch, Umami-Pulver, Sojasauce und 2 EL Wasser dazugeben und den Bratensatz vom Pfannenboden loskochen. Alles weiterbraten, bis die Flüssigkeit fast verdampft ist. Grüne Mangoldstreifen und Palmkohl in die Brühe geben und einmal kurz aufkochen.

SAUCE MIT BUMS:

Zitronengras klein schneiden. Zwiebel und Knoblauch schälen und hacken. Chili waschen, längs halbieren, von Kernen und weißen Trennwänden befreien und fein hacken. Das Olivenöl in einem Topf erhitzen und das Zitronengras darin anbraten, Zwiebel und Knoblauch dazugeben. Wenn die Zwiebel glasig ist, Chili, Sojasauce und Ahornsirup dazugeben und reduzieren, bis die Sauce dickflüssig ist.

Sauce mit Bums:

1 Stängel Zitronengras
1 Zwiebel
2 Knoblauchzehen
1 frische rote Chilischote
1 EL Olivenöl
1 EL Sojasauce
1 TL Ahornsirup

GARNITUR:

Frühlingszwiebeln putzen, waschen und in feine Ringe schneiden. Koriander waschen und trocken schütteln, die Blätter abzupfen und hacken. Saft der Limetten auspressen.

Garnitur:

1 Bund Frühlingszwiebeln
1 Bund Koriandergrün
2 Limetten

Suppe in vier tiefe Teller geben, je 1 EL Sauce mit Bums, Reisbandnudeln, Mangold-Kohl-Gemüse aus der Brühe und Mangold-Pilz-Mix dazugeben. Brühe angießen und je 1 halbiertes eingelegtes Ei hineinlegen. Frühlingszwiebeln, Koriander und Limettensaft auf die Suppe geben.

STATT MANGOLD KANN MAN HIER GERNE SPINAT VERWENDEN UND WENN MAN KEINEN PALMKOHL HAT, EIGNET SICH AUCH GRÜNKOHL HERVORRAGEND.

PILZRAGOUT MIT KNUSPERPOLENTA

Wenn du nicht weißt, was du am Sonntag kochen sollst, dann koch doch ein Pilzragout. Und wenn sich eines deiner Kinder aufregt, dann legst du ihm drei knusprige Polenta-Sticks mit in die Schüssel, dann ist Ruhe im Karton.

Für 4 Portionen
45 Min. Zubereitung

2 EL helles Miso
1 l Gemüsebrühe
200 g Polenta (Maisgrieß)
1 TL + 2 ½ EL Olivenöl
2 Zwiebeln
200 g Beluga-Linsen
2 TL getrockneter Thymian
500 g Kräuterseitlinge
800 g Schwarzkohl (ersatzweise Grünkohl)
4 Knoblauchzehen
Salz
Pfeffer

1 Miso und 160 ml Wasser mischen. 600 ml Gemüsebrühe zum Kochen bringen, die Herdplatte ausschalten und die Polenta unter Rühren einrieseln lassen. So lange rühren, bis ein fester Brei entstanden ist. Eine Auflaufform (ca. 28 × 17 cm) mit 1 TL Olivenöl auspinseln, die Polenta darin verteilen und fest andrücken, im Kühlschrank auskühlen lassen.

2 Zwiebeln schälen und klein schneiden. Die Linsen in einer Schüssel immer wieder mit frischem Wasser waschen, bis das Wasser klar bleibt. 1 EL Olivenöl in einem Topf erhitzen und die Zwiebeln darin goldbraun anbraten, Thymian, Linsen und die restlichen 400 ml Gemüsebrühe dazugeben. Die Linsen zugedeckt bei kleiner Hitze 20–30 Min. köcheln.

3 Kräuterseitlinge mit einer Gabel in grobe Streifen reißen. Schwarzkohl waschen, von den Stielen befreien und in mundgerechte Stücke zupfen. Knoblauch schälen und hacken. 1 EL Olivenöl in einer Pfanne erhitzen und die Pilze darin knusprig braun braten. Knoblauch dazugeben, die Herdplatte ausschalten und die Pilze mit der Miso-Sauce ablöschen. Sobald die Linsen fast fertig sind, Kohl und Pilze unterrühren. So lange köcheln lassen, bis die Linsen weich sind und die Flüssigkeit fast verdampft ist. Ragout mit Salz und Pfeffer abschmecken. Zugedeckt ruhen lassen.

4 Polenta in Stäbchen schneiden. Restlichen ½ EL Olivenöl in einer beschichteten Pfanne erhitzen, die Sticks darin rundherum knusprig braten. Mit dem Ragout anrichten.

RÖSTI UND RAITA

Kartoffelrösti ist ein so unglaublich einfaches wie leckeres Gericht. Hier interpretieren wir sie mal ein bisschen anders und garnieren sie mit Bete, ob geringelt oder rot ist vollkommen egal. Nehmt, was euch gefällt.

—

Für 4 Portionen
30 Min. Zubereitung

- 3 Zwiebeln
- 1 Stück Ingwer (ca. 7 cm lang)
- 500 g Ringelbeten (ersatzweise Rote Beten)
- ½ Bio-Zitrone
- 3 EL Olivenöl
- 1½ TL gemahlener Kreuzkümmel
- Salz
- 3 EL Joghurt (ersatzweise pflanzliche Joghurtalternative)
- Pfeffer
- 2 EL Leinsamen
- 800 g Pellkartoffeln vom Vortag
- 2 Knoblauchzehen
- 6 Stängel Koriandergrün
- 200 g TK-Erbsen
- 1 TL Garam Masala
- 1 TL Bockshornklee

1 2 Zwiebeln und zwei Drittel vom Ingwer schälen und klein würfeln. Die Beten putzen, schälen und fein raspeln. Die Zitrone heiß waschen, abtrocknen, die Schale fein abreiben und den Saft auspressen. 1 EL Olivenöl in einer Pfanne erhitzen und die Zwiebeln darin goldbraun anbraten. Ingwer dazugeben und kurz mitbraten. Beteraspel dazugeben und 5 Min. mitbraten. Das Gemüse mit ½ TL Kreuzkümmel und 1 Prise Salz abschmecken und abkühlen lassen. Dann in eine Schüssel geben, Joghurt, Pfeffer, Salz und Zitronenschale unterrühren und die Beten in den Kühlschrank stellen.

2 Die Leinsamen in einem Blitzhacker mahlen, mit 5 EL Wasser mischen und kurz ruhen lassen. Kartoffeln pellen und in kleine Würfel schneiden. Knoblauch schälen und reiben. Koriander waschen und trocken schütteln, die Blätter abzupfen und hacken. Restliche Zwiebel und restlichen Ingwer schälen. Zwiebel klein würfeln, Ingwer fein reiben. 1 EL Olivenöl in einer Pfanne erhitzen und Zwiebel und Ingwer darin anbraten. Wenn die Zwiebeln glasig sind, die Erbsen dazugeben. Garam Masala, Bockshornklee, restlichen TL Kreuzkümmel und 1 Prise Salz im Mörser fein zerstoßen, in die Pfanne zu den Erbsen geben und kurz mitbraten.

3 Erbsen, Kartoffeln, Leinsamen und Knoblauch in eine Schüssel geben und mit einem Kartoffelstampfer zerdrücken. Aus der Masse flache Bratlinge formen. Den restlichen EL Olivenöl in einer beschichteten Pfanne erhitzen und die Rösti darin bei mittlerer Hitze von beiden Seiten knusprig braten. Rösti und Raita auf Tellern anrichten, mit Koriander bestreuen und mit etwas Zitronensaft beträufeln.

TOFU-BRATLINGE MIT MISO-GURKE

Diese Bratlinge sind so lecker, dass ich sie jede Woche mindestens einmal mache. Megaeinfach in der Zubereitung und doch so voll mit Umami und Röstaromen. Die Miso-Gurke bringt hier die nötige Frische rein und passt wunderbar dazu.

—

Für 4 Portionen

45 Min. Zubereitung
15 Min. Einweichen
25 Min. Garen

Tofu-Bratlinge:

- 1 Handvoll getrocknete Shiitake
- 2 EL heller Sesam
- 2 EL Hanfsamen
- 1 Zwiebel
- 4 Knoblauchzehen
- 1 Stück Ingwer (ca. 5 cm lang)
- 3 EL Olivenöl
- 1½ TL Tomatenmark
- 1 TL dunkles Miso
- 400 g fester Tofu
- 1 kleine Rote Bete
- 1 Bund Koriandergrün
- 70 g Vollkorn-Semmelbrösel

TOFU-BRATLINGE:

Die Shiitake in einer Schüssel mit kochendem Wasser übergießen, 15 Min. ziehen lassen, dann in ein Sieb abgießen, abtropfen lassen und in feine Streifen schneiden. 1–2 EL Einweichwasser aufheben. Sesam und Hanfsamen in einer Pfanne ohne Fett bei mittlerer Hitze anrösten. Zwiebel, Knoblauch und Ingwer schälen und fein hacken.

1 EL Olivenöl in einer Pfanne erhitzen und Zwiebel und Knoblauch darin glasig braten. Ingwer und Shiitake dazugeben und 2 Min. mitbraten. Tomatenmark und dunkles Miso untermischen und mitbraten, bis sich ein Bratensatz am Pfannenboden bildet. 1–2 EL Shiitake-Einweichwasser dazugeben und den Bratensatz vom Pfannenboden loskochen. Pfanne vom Herd nehmen und beiseitestellen.

Tofu in eine Schüssel bröseln. Rote Bete putzen, schälen und fein raspeln. Koriander waschen und trocken schütteln, die Blätter abzupfen und hacken.

BITTE UMBLÄTTERN →

Semmelbrösel, Rote Bete, Koriander, die Hälfte von Sesam und Hanf sowie die Shiitake-Pfanne zum Tofu geben und 5 Min. mit beiden Händen richtig fest kneten, bis ein geschmeidiger Teig entsteht. Den Teig 10 Min. ziehen lassen. Dann aus dem Teig Bratlinge in beliebiger Größe formen. Die restlichen 2 EL Olivenöl in einer Pfanne erhitzen und die Bratlinge darin von beiden Seiten dunkelbraun anbraten.

Miso-Gurke:

- 1 EL helles Miso
- 1 EL Aceto balsamico bianco
- 1 EL Ahornsirup
- 1 TL dunkles Miso
- 2 Salatgurken

MISO-GURKEN:

Helles Miso, Essig, Ahornsirup und dunkles Miso in einer Schüssel verrühren.

Gurken waschen, längs halbieren, die Kerne mit einem Teelöffel herauskratzen und das Fruchtfleisch in 1 cm dicke Scheiben schneiden. Die Gurken in die Pfanne geben, in der die Shiitake-Mischung gebraten wurde (nicht säubern!), und erhitzen, bis die Pfanne richtig heiß ist, die Gurken aber noch nicht bräunen. Die Herdplatte ausschalten, die Misopaste dazugeben, gut untermischen und die Gurken in eine Schüssel füllen. Mit restlichen Sesam- und Hanfsamen bestreuen.

REISBÄLLCHEN:

Sushi-Reis in einer Schüssel in immer wieder frischem Wasser waschen, bis das Wasser klar bleibt, dann den Reis zusammen mit 400 ml Wasser in einem Topf einmal aufkochen und zugedeckt bei sehr kleiner Hitze 15 Min. ganz leicht köcheln. Den Reis mit einer Gabel auflockern, noch 10 Min. zugedeckt ziehen lassen und in eine Schüssel geben. Nori-Blatt in vier Streifen schneiden. Eine mit Wasser gefüllte Schüssel bereitstellen. Kimchi fein hacken.

Wenn der Reis ausgekühlt ist, die Hände befeuchten und eine Handvoll Reis mit den Handflächen platt drücken. In die Mitte 2 TL Kimchi geben und mit dem Reis so umhüllen, dass eine Kugel entsteht. Eine halbe Handvoll Reis auf die offene Stelle drücken und dann mit nassen Händen die Kugel vollenden, glatt streichen und mit einem Nori-Streifen umwickeln. Aus restlichem Reis, Kimchi und Nori-Blatt drei weitere Reisbällchen formen. Zum Schluss 1 kleine Prise Meersalz auf jedes Bällchen streuen.

Bratlinge, Gurken und Reisbällchen auf Tellern anrichten und genießen.

Reisbällchen:
300 g Sushi-Reis
1 Nori-Blatt
8 TL Kimchi (s. S. 62)
Meersalz

ICH HEBE MIR DAS LETZTE STÜCK LANDBROT AUF UND WARTE, BIS ES TROCKEN IST. DANN WANDERT ES IN DEN MIXER UND SO HAB ICH IMMER KNUSPRIGE BROTBRÖSEL DAHEIM.

LUST AUF SÜSSE?

»AUCH WENN ICH ES GERN ANDERS HÄTTE, ABER OHNE CHEATEN GEHT ES NICHT. KOPF UND SEELE BRAUCHEN AB UND ZU A BISSL WAS SÜSSES. UND DAMIT IHR EUCH KOAN SCHMARRN REINPFEIFTS, HIER A BISSL INSPIRATION.«

POWERBALLS

Unglaublich einfach, unglaublich lecker, unglaublich einfach und unglaublich lecker. Und einfach. Und lecker.

—

Für 4 Portionen
30 Min. Zubereitung
15 Min. Ruhen

150 g getrocknete Cranberrys
100 g Datteln
180 g Pistazienkerne (gesalzen)
80 g Cashewkerne
6 EL Kakaopulver
6 EL Haferflocken
2 EL Ahornsirup

1 Cranberrys und Datteln so klein wie möglich schneiden. Pistazien und Cashewkerne getrennt voneinander hacken.

2 Cranberrys, Datteln, Cashews, 80 g Pistazien und Kakaopulver mischen und in einen Hochleistungsmixer geben. Wenn der Mixer zu schwach ist, dann die Mischung portionsweise mixen. Wenn der Mixer es nicht klein bekommt, immer wieder ein bisschen Wasser dazugießen, bis eine zähe, leicht flüssige, klebrige Schokomasse entsteht.

3 Die Haferflocken im Blitzhacker fein mahlen und nach und nach zusammen mit dem Ahornsirup unter die Frucht-Nuss-Masse heben. Wenn die Masse eher flüssig ist, dann braucht ihr mehr Haferflocken, wenn sie eher trocken ist, dann weniger Haferflocken als Bindemittel. Die Masse soll gut formbar sein. 15 Min. ruhen lassen.

4 Die restlichen Pistazien (100 g) mit einem Hammer zerkleinern, bis ihr so eine Art Pistazienbrösel habt. Die Schokomasse mit den Händen zu kleinen Kugeln formen und in den Pistazienbröseln wälzen. In einer Dose im Kühlschrank aufbewahren, falls was übrig bleiben sollte.

DIE ERDNUSS VERSORGT EUCH GUT MIT VITAMIN E. DAS SCHÜTZT DIE ZELLEN UND WIRKT ENTZÜNDUNGS-HEMMEND.

SCHICHTDESSERT

Keine Ahnung, warum, aber mein Vater steht voll auf Schichtdessert. Traut man ihm gar nicht zu, aber was tut man nicht alles für den Papa. Lasst es euch schmecken.

—

Für 4 Portionen
30 Min. Zubereitung
45 Min. Kühlen

- 100 g Vollkorn-Dinkelmehl
- 3 EL Dattelcreme (s. S. 77)
- 1½ EL Erdnussmus
- 2 Bio-Orangen
- 4 Datteln
- 1 Handvoll Trockenfrüchte (z. B. Sauerkirschen, Rosinen, Cranberrys)
- ½ TL Zimtpulver
- 1 Bio-Zitrone
- 500 g Magerquark (ersatzweise Soja-Skyr)
- 1 EL dunkles Mandelmus
- 1½ TL gemahlene Vanille

1 Den Backofen auf 180° vorheizen und ein Backblech mit Backpapier belegen. Mehl, Dattelcreme und Erdnussmus in eine Schüssel geben und mit den Händen zu einem Teig kneten. Daraus kleine Kügelchen (ca. 1 cm Ø) formen. Die Kügelchen auf das Blech legen und im heißen Ofen (Mitte) in 10–15 Min. knusprig backen.

2 Inzwischen die Orangen heiß waschen, abtrocknen und die Schale fein abreiben. Datteln, Trockenfrüchte, 100 ml Wasser, Orangenschale und Zimt in einem Topf aufkochen und bei kleiner Hitze köcheln, bis das Wasser komplett verdampft ist. Die Datteln aus dem Topf nehmen.

3 Von den Orangen mit einem scharfen Messer die weiße Haut bis ins Fruchtfleisch abschneiden und die Filets zwischen den weißen Trennhäutchen herauslösen. Die Orangenfilets zu den noch warmen Früchten in den Topf geben und untermischen. Den Saft, der beim Filetieren ausgetreten ist, mit in den Topf geben.

4 Die Zitrone heiß waschen, abtrocknen und die Schale fein abreiben. Quark, Zitronenschale, Datteln, Mandelmus und Vanille in den Standmixer geben und pürieren, bis eine homogene Masse entstanden ist. Die Creme zum Auskühlen 45 Min. in den Kühlschrank stellen.

5 In eine Schüssel so lange Quarkcreme, Dinkel-Kügelchen und Zimtorangen einschichten, bis alle Zutaten aufgebraucht sind. Das Dessert bis zum Servieren kalt stellen.

MILCHREIS

Wer gerne Milchreis isst, der braucht ab sofort nicht mehr zur Kühltheke gehen. Erstens schmeckt's selbst gemacht viel besser und zweitens sind keine künstlichen Zusatzstoffe drin.

—

Für 4 Portionen
5 Min. Zubereitung
40 Min. Garen

3 Kardamomkapseln
½ TL Zimtpulver
100 g Basmati-Reis
500 ml Haferdrink
150 ml Hafer cuisine
3 EL Dattelcreme
1 Handvoll TK-Beeren-Mix (nach Belieben)

1 Kardamomkapseln öffnen und die Körner rausholen, bis ihr ca. 1 TL Kardamomkörner gesammelt habt. Kardamom und Zimt in einem kleinen Topf ohne Fett leicht anrösten, dann im Mörser fein zerstoßen.

2 Den Reis waschen, in ein Sieb abgießen, abtropfen lassen und zusammen mit Haferdrink, Hafer cuisine, Zimt-Kardamom-Mischung und 1 ½ EL Dattelcreme in einem Topf aufkochen. Dann den Reis bei kleiner Hitze zugedeckt 30–40 Min. sanft köcheln lassen, dabei immer wieder umrühren, damit nichts anbrennt. Zum Schluss die restlichen 1 ½ EL Dattelcreme unterrühren.

3 Den Milchreis könnt ihr warm oder kalt essen und nach Belieben noch eine Handvoll gefrorenen Beeren-Mix daraufgeben, bevor ihr genüsslich loslöffelt.

BRATAPFEL AUS DEM BACKOFEN

Bratapfel gehört zur Weihnachtszeit wie Santa Claus zu Coca-Cola. Aber da der Bratapfel besser schmeckt, konzentrieren wir uns darauf. Soll ja niemand sagen, der Ken macht nix für Weihnachten.

—

Für 4 Portionen
20 Min. Zubereitung
40 Min. Backen

2 Nelken
80 g Walnusskerne
1 TL Zimtpulver
1 Bio-Orange
1 Handvoll Datteln
4 süße Äpfel
(z. B. Alkmene)

1 Den Backofen auf 180° Umluft vorheizen und ein Backblech mit Backpapier belegen. Nelken, Walnüsse und Zimt in einem Standmixer fein mixen. Die Orange heiß waschen, abtrocknen, die Schale fein abreiben und den Saft auspressen. Orangenschale und -saft zur Walnussmischung geben.

2 Die Datteln in feine Würfel schneiden und anschließend unter die Nussmischung heben.

3 Die Äpfel waschen. Das obere Viertel der Äpfel abschneiden und die Äpfel mit einem Ausstecher entkernen. Darauf achten, dass man die Äpfel nicht durchsticht, sonst läuft die Füllung aus.

4 Die Füllung in die ausgehöhlten Äpfel geben, die Deckel auflegen, die Äpfel aufs Blech stellen und im heißen Ofen (Mitte) 30–40 Min. backen.

ZITRONENKUGELN

Es kann noch so viel Süßkram auf dem Tisch stehen, wenn diese Zitronenkugeln mit dabei sind, dann kommt mir nichts anderes auf den Teller und in die Tüte. Weil sie einfach göttlich sind.

—

Für 4 Portionen
5 Min. Zubereitung
20 Min. Tiefkühlen

2 Bio-Zitronen
180 g Cashewkerne
50 ml Ahornsirup
30 g Kokosöl
½ TL gemahlene Kurkuma
Pfeffer
100 g Kokosraspel

1 Die Zitronen heiß waschen, abtrocknen, die Schale fein abreiben und den Saft auspressen. Cashewkerne, Zitronensaft und -schale, Ahornsirup, Kokosöl, Kurkuma und reichlich Pfeffer in den Standmixer geben und die Zutaten zu einer homogenen Creme mixen.

2 Die Creme 20 Min. ins Tiefkühlfach stellen. Sie sollte dann fest, aber nicht gefroren sein.

3 Die Kokosraspel in eine Schüssel geben. Mit einem Teelöffel von der Zitronencreme kleine Portionen abstechen, mit angefeuchteten Händen zu Kugeln formen und in den Kokosraspeln wälzen. Am besten werden die Kugeln im Kühlschrank in einer Dose aufbewahrt.

SÜSS-SALZIGE NÜSSE

Inspiriert durch mein Leben in Vietnam ist diese süße und gleichzeitig salzige Nussmischung entstanden. Ideal, wenn man mal keinen Bock auf Chips hat, aber trotzdem Lust auf Knabbern.

—

Für 4 Portionen
5 Min. Zubereitung
6 Min. Backen

2 EL Tamari
2 EL Honig
1 TL geröstetes Sesamöl
1 TL geräuchertes Paprikapulver
200 g Nusskerne-Mix (z. B. Mandeln, Walnuss-, Cashew- und Erdnusskerne)
1 TL Schwarzkümmel

1 Den Backofen auf 170° Umluft vorheizen und ein Backblech mit Backpapier belegen. Tamari, Honig, geröstetes Sesamöl, Paprikapulver und Nussmischung in eine Schüssel geben und gut vermengen.

2 Nussmischung auf dem Blech verteilen und im heißen Ofen (Mitte) 4–6 Min. backen, dabei immer wieder durchmischen, sodass sich gleichmäßig Röstaromen bilden können. Die Sauce soll dunkel werden, aber nicht verbrennen.

3 Die Nüsse mit dem Schwarzkümmel bestreuen und in einer Schüssel anrichten.

LEBKUCHEN

Lebkuchen ohne Mehl sind mir am liebsten. Deswegen ist der Elisenlebkuchen auch mein Lieblingslebkuchen, um mir Weihnachten zu versüßen.

Für 4 Portionen
30 Min. Zubereitung
15 Min. Backen

200 g Datteln
100 g Apfelmus
100 g Mandeln
100 g Haselnusskerne
2 Bio-Zitronen
1 TL Zimtpulver
1 TL Lebkuchengewürz
Salz
100 g Schokolade (80 % Kakaoanteil)

Außerdem:
gehackte Mandeln für die Deko

1 Den Backofen auf 180° Umluft vorheizen und ein Backblech mit Backpapier belegen.

2 Die Datteln sehr fein hacken, dann mit dem Pürierstab oder im Standmixer zu Mus verarbeiten. Wenn sie zu klebrig werden, immer wieder einen Schuss Wasser dazugeben. Am Ende sollte die Masse fein klebrig, aber nicht flüssig sein. Das Apfelmus unterrühren.

3 Mandeln und Haselnüsse im Blitzhacker fein mahlen. Die Zitronen heiß waschen, abtrocknen und die Schale fein abreiben. Mandeln, Nüsse, Zitronenschale, Zimt, Lebkuchengewürz und 1 Prise Salz unter die Dattel-Apfelmus-Mischung heben.

4 Mit einem Esslöffel kleine Portionen von der Lebkuchenmasse abstechen und zu Lebkuchen formen. Lebkuchen auf das Blech legen und im heißen Ofen (Mitte) ca. 15 Min. backen.

5 Die Schokolade hacken, über einem heißen Wasserbad schmelzen und die fertigen Lebkuchen damit bestreichen. Die Lebkuchen mit gehackten Mandeln bestreuen und trocknen lassen. Die Lebkuchen lassen sich problemlos 2 Wochen in einer Keksdose aufbewahren.

HIGH-END-BROWNIES

Kein Weißmehl, kein Zucker, keine Eier, keine Butter. Maximaler Schokogeschmack. Hört sich das gut an? Dann viel Spaß und haut rein.

—

Für ca. 9 Stück
1 Std. Zubereitung
55 Min. Backen

500 g Süßkartoffeln
100 g Datteln
80 g Buchweizen
80 g Mandeln
¼ TL Zimtpulver
10 Sternaniskerne
7 Pimentkörner
1 Bio-Orange
1 ½ EL schwarzer Kakao (Dutch Process)
4 ½ EL Kakaopulver
1 EL helles Miso
1 EL dunkles Miso
160 ml Haferdrink
150 g Schokolade (75 % Kakaoanteil)

1 Den Backofen auf 160° Umluft vorheizen. Die Süßkartoffeln schälen und in kleine Würfel schneiden, auf dem Blech verteilen und im heißen Ofen (Mitte) ca. 30 Min. backen. Inzwischen die Datteln in einer Schüssel mit heißem Wasser übergießen und 15 Min. einweichen.

2 Den Buchweizen in einem Topf ohne Fett bei mittlerer Hitze bräunen, dann im Standmixer zu Mehl mahlen. Mandeln im Standmixer klein hacken. Zimt, Anis und Piment in einem Mörser fein zerstoßen. Die Orange heiß waschen, abtrocknen und die Schale fein abreiben. Die Datteln abgießen und ohne Einweichwasser in den Standmixer geben. Süßkartoffeln und die Hälfte der Mandeln dazugeben und zu einer sehr feinen Masse mixen. Es kann sein, dass man die Menge auf drei Mal mixen muss.

3 Buchweizenmehl, restliche Mandeln, Orangenschale, beide Kakaosorten, Gewürzmischung, Miso und Haferdrink untermischen. Ein Backblech mit Backpapier auslegen, einen Backrahmen (ca. 34 × 29 cm) daraufstellen und die Kakaomasse darin verteilen. Brownies im heißen Ofen (Mitte) ca. 25 Min. backen. Der Teig sollte auf Druck mit dem Finger noch nachgeben und nicht hart sein. Die Schokolade hacken und über einem heißen Wasserbad schmelzen. Die Brownie-Platte in Quadrate schneiden. Auf der Hälfte der Brownie-Stücke flüssige Schokolade verteilen, die leeren Stücke daraufsetzen. Die zusammengesetzten Brownies mit der restlichen Schokolade überziehen, trocknen lassen und Seelenfutter pur genießen.

DIE SÜSSKARTOFFEL IST EIN GUTER BETACAROTIN-, VITAMIN-E- UND VITAMIN-C-LIEFERANT UND SCHMECKT AUCH ROH.

REZEPTREGISTER

L

M

N

O

P

APPETIT AUF MEHR?

ISBN 978-3-8338-8264-7

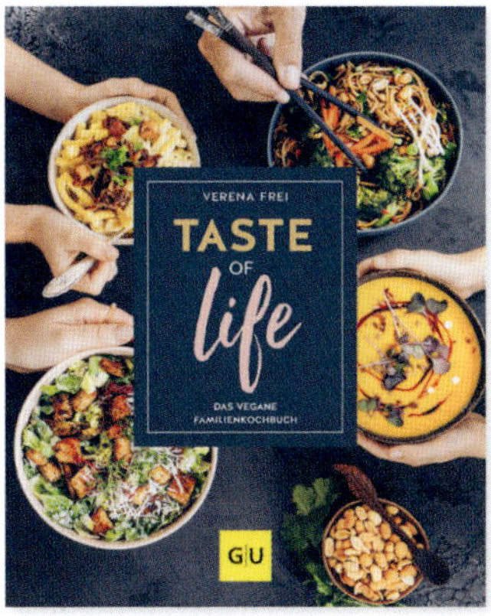

ISBN 978-3-8338-7785-8

ISBN 978-3-8338-8568-6

ISBN 978-3-8338-8263-0

ISBN 978-3-8338-8267-8

ISBN 978-3-8338-8154-1

Alle hier vorgestellten Bücher sind auch als eBook erhältlich.

GU

Mehr von GU auf **www.gu.de** und **facebook.com/gu.verlag**

LIEBE LESERINNEN UND LESER,

wir wollen Ihnen mit diesem Buch Informationen und Anregungen geben, um Ihnen das Leben zu erleichtern oder Sie zu inspirieren, Neues auszuprobieren. Wir achten bei der Erstellung unserer Bücher auf Aktualität und stellen höchste Ansprüche an Inhalt und Gestaltung. Alle Anleitungen und Rezepte werden von unseren Autoren, jeweils Experten auf ihren Gebieten, gewissenhaft erstellt und von unseren Redakteur*innen mit größter Sorgfalt ausgewählt und geprüft.

Haben wir Ihre Erwartungen erfüllt? Sind Sie mit diesem Buch und seinen Inhalten zufrieden? Wir freuen uns auf Ihre Rückmeldung. Und wir freuen uns, wenn Sie diesen Titel weiterempfehlen, in Ihrem Freundeskreis oder bei Ihrem Online-Kauf.

Sollten wir Ihre Erwartungen so gar nicht erfüllt haben, tauschen wir Ihnen Ihr Buch jederzeit gegen ein gleichwertiges zum gleichen oder ähnlichen Thema um.

KONTAKT ZUM LESERSERVICE

GRÄFE UND UNZER VERLAG
Grillparzerstraße 12
81675 München
www.gu.de

Impressum

GU ist eine eingetragene Marke der GRÄFE UND UNZER VERLAG GmbH, www.gu.de

ISBN 978-3-8338-8520-4
3. Auflage 2025

Projektleitung: Elke Sieferer
Lektorat: Cora Wetzstein
Korrektorat: Jutta Weikmann
Umschlaggestaltung und Layout: ki 36 Editorial Design, Sabine Krohberger, München
Herstellung: Petra Roth
Satz: Lydia Geißler
Reproduktion: Longo AG, Bozen
Druck und Bindung: dimograf

Umwelthinweis:
Nachhaltigkeit ist uns sehr wichtig. Der Rohstoff Papier ist in der Buchproduktion hierfür von entscheidender Bedeutung. Daher ist dieses Buch auf PEFC-zertifiziertem Papier gedruckt. PEFC garantiert, dass ökologische, soziale und ökonomische Aspekte in der Verarbeitungskette unabhängig überwacht werden und lückenlos nachvollziehbar sind.

Die GU-Homepage finden Sie unter www.gu.de

Bildnachweis: Fotos: Jan C. Brettschneider; Packpapier-Font und Gemüse-Icons: iStock

Syndication: www.imageprofessionals.com

Der Fotograf: Jan C. Brettschneider fotografiert seit mehr als 20 Jahren Food, People und Reportagen für Verlage, Magazine und Werbung. Auf seinen zahlreichen Fotoreisen und bei Studioproduktionen arbeitete er auch mit vielen internationalen Spitzenköch:innen, Winzer:innen, und Produzent:innen zusammen. Hierbei entstanden zahlreiche Bücher, die regelmäßig ausgezeichnet werden, u.a. mit dem Deutschen Design Preis, dem ITB BuchAward, dem 'Best Cookbook Photography' Gourmand Award sowie mehreren GAD-Auszeichnungen. Seine Leidenschaft für gutes Essen und Trinken gepaart mit seinem besonderen Gespür für Licht und Stil lässt Bilder entstehen, die einfach Appetit machen. An diesem Buch arbeitete er zusammen mit Foodstylist Thomas Lauterbach.

Backofenhinweis: Die Backzeiten können je nach Herd variieren. Unsere Temperaturangaben beziehen sich auf das Backen im Elektroherd mit Ober- und Unterhitze.